日本人こそ知っておくべき
世界を号泣させた日本人

黄文雄
Kou Bunyu

徳間書店

はじめに

台湾人の私は、日本や日本人についてどう思うかと聞かれることが多い。それに対して、私の日本観は「なんでもある」ということと「純と誠の国」というものだ。

思えば、私の日本暮らしはかれこれ半世紀になろうとしている。私にとってこの二つ以外に日本を語ることは難しい。

「なんでもある」とは、日本における文化・文明の多様性と多元性のことである。たとえば古代ギリシャは彫刻はあっても、絵画はなかった。日本には、伝統芸能だけでなく美術も音楽も演劇も小説も詩歌も、文化・文物と称されるものはなんでもある。

現代の食文化にしても、大都市圏では中華、フランス、イタリアの世界三大料理から、ネパールやトルコ、アフリカのケニア料理までありとあらゆる料理が食べられる。ミシュランの3つ星レストランの数は本場のフランスを抜いて、東京が世界一である。

その他、一流の絵画展、観劇、音楽会もさかんに行われている。美術展などは、世界一の来場者数である。2009年に発表された、世界各地の美術館で開かれた特別展の1日当たりの来場者数では、1位から4位までを日本が独占していた。

こうした「なんでもある」というのは、決して現代になってからではない。江戸の鎖国時代でも、文化・思想だけを見ても、朱子学、国学、神道、仏教、蘭学、そして大陸では禁じられていた陽明学まであった。

同様に、世界に影響を与えた日本人も実に多彩である。すでに前著『日本人はなぜ世界から尊敬され続けるのか』『世界から絶賛される日本人』でも取り上げ、さらに本書でも紹介しているように、己を犠牲にして人のために尽くした人、他国のために尽力した人、偉大な発明家など、バラエティに富んでいる。

しかも、高等教育を受けていない市井の人間でも一大事業を成し遂げている人が多いのには驚く。

「純・誠」というのは、清らかで誠実である、ということである。落とし物をしても返ってくる国というのは、おそらく日本くらいだろう。2011年5月に朝日新聞で報じられたことだが、現在、サウジアラビアでは日本ブームになっているという。それは、日本人の規律正しさや時間を守ること、正直さが同国のテレビで伝えられたからだという。

サウジアラビアのテレビ番組で「財布を落としたら、日本人はどう行動するか」という実験を行ったところ、きちんと交番に届ける姿に、サウジアラビアでは「やらせ」を疑う声まで出たそうだ。そんなことは信じられなかったのだろう。

日本には、史前から東西南北からさまざまな文物が流入してきた。そういう環境もあり、日本人は寛容さを備え、共生の精神を持ち、排外主義になりにくいのだろう。

日本人では当たり前かもしれないが、この「なんでもある」多様性と「純と誠」が、外国からすると奇跡のように映ってきたことは、本書および前著二冊を一読すれば、頷《うなず》いていただけるだろう。

なお、前著をお読みいただいた方の評価として「昔の日本人は偉かった、それに引き換え、いまの日本人は……」というものが多かった。だが、私の目からすれば、基本的に日本人の気質はほとんど変わっていない。

今も昔も、日本は混沌《こんとん》とした世界に光り輝く存在である。その誇りを日本人は持ち続けるべきだろう。

２０１２年３月

黄文雄

日本人こそ知っておくべき　世界を号泣させた日本人――目次

台湾の近代教育の基礎は「芝山巌精神」と「教育勅語」

装　幀　井上新八
編集協力　仲上真之
写真提供　朝日新聞社
毎日新聞社
J・LoUPE
アフロ
(社)電池工業会

第1章

人のために尽くす日本人の無私

「地球上に日本人のような謙譲にして品徳のある国民が存在することを心に刻まなければならない。世界各地を旅行した私はいまだかつてこのような快い国民にであったことがない」

アルバート・アインシュタイン

絶大な信頼を得た日本人たち

日本に来た多くの外国人は、日本人が礼儀正しく、勤勉かつ親切で、他人に対してきめ細やかな配慮を行うことに感激する。

もちろんそれは今にはじまったことではなく、古くは中世の戦国時代に日本を訪れた宣教師のフランシスコ・ザビエルやルイス・フロイス、はたまた江戸時代から明治時代に訪れた外国人が多く記録として残している。

たとえば、イギリス人の旅行家イザベラ・バードは、日本でなくし物をした際、馬子でさえ1里も戻って探してきてくれて、しかもお金を取らなかったことを『日本奥地紀行』に記している。

日本人のこうした気質を絶賛する外国人の記録は古今から枚挙にいとまがない。それらは、拙著『日本人はなぜ世界から尊敬され続けるのか』（徳間書店）で詳細に記した。

日本人に惹《ひ》かれた外国人は数多いが、喜劇王チャーリー・チャップリンもその一人である。チャップリンは日本人の秘書を雇っていた。その名は高野寅市《こうのとらいち》という。その高野の誠実な態度から、チャップリンは一時、使用人をすべて日本人にしたほどだという。

高野の波乱にとんだ人生については『チャップリンの影』（大野裕之、講談社）に詳しい。

高野寅市は、広島に生まれたが、1900年、15歳のときに「留学」と称して渡米する。シアトルで仕事をしながら学校に通い、20代で企業社長の運転手となるが、14年、飛行家を夢見てロサンゼルスに向かう。

そして16年、当時すでに人気を得ていた若きチャップリンが運転手を募集していたことを知り、高野は応募する。チャップリンの秘書は、高野の誠実さを一目見て満足し、即座にチャップリンのところに連れていったという。

以後、チャップリンに気に入られた高野は、運転手だけでなく、経理や秘書、護衛などもこなした。チャップリンの自伝『チャーリー・チャップリン世界漫遊記』には、「高野は何でもする」と記されている。

高野はチャップリンから豪華な邸宅までプレゼントされ、単なる主人と使用人という関係ではない信頼関係で結ばれていく。そして高野は「撮影所の支配人」とまで呼ばれるようになった。

高野の働きぶりに感激したチャップリンは、一番多いときでは17人の使用人すべてを日本人にしたという。当時の妻リタ・グレイは「まるで日本人の中で暮らしているようだった」と回想している。

高野を通して、チャップリンは日本に興味を示しはじめる。歌舞伎を研究し、小泉八雲《こいずみやくも》を読み、日本への思いを強めていったのである。

そして1932年に、チャップリンは初来日を果たす。大歓迎を受けたチャップリンは、日本を訪問したことについて、

「日本人は皆がみな親切で正直だ。何をやるにつけ信用ができる。そのため自然と日本人が好きになった。こんな人たちをつくり出している日本という国は、一体どんな国だろう？　一度行ってみたいものだと思いはじめた」

と話している。

この日本訪問時、チャップリンに対する暗殺計画があった。チャップリン来日の翌日、5・15事件が発生するが、青年将校たちは「有名なチャップリンを殺害すれば、アメリカと戦争ができる」と考えていた。

しかし、チャップリン暗殺の動きがあることを知った高野は、先に日本に入り、元陸軍将校の櫻井《さくらい》忠温《ただよし》と綿密に訪日スケジュールを立てていた。

そして来日当日、神戸から船で上陸したチャップリンは、そのまま東

来日時の高野寅市（左）とチャップリン

京のホテルへと向かったが、その途中、皇居に立ち寄った。そこで高野は、チャップリンに対し、「車を降りて皇居を拝んでください」と頼んだ。チャップリンは「それが習慣なのかね？」と、怪訝《けげん》に思いながらも、言うとおり、皇居に対して一礼した。そのときの様子は、チャップリンの自伝にも書かれている。

皇居に一礼するチャップリンの姿は、翌日の新聞に大きく掲載された。天皇を敬う親日家のイメージを植え付け、暗殺を目論《もくろ》む者たちに、好印象を与えるというのが、高野の目的だったのだ。

翌15日は首相官邸で歓迎会が開かれることになっていたが、チャップリンの気まぐれで「相撲が見たい」ということになり、歓迎会は延期された。そのとき、まさに5・15事件が起きた。チャップリンは命拾いしたが、その裏には高野の奔走《ほんそう》があったのである。

こうしてチャップリンの絶大な信頼を得ていた高野だが、１９３４年に突然解雇される。チャップリンの妻ポーレット・ゴダードの浪費癖を注意したことが原因だといわれている。

しかし、その後、チャップリンは高野に膨大な退職金と、アメリカの

日本人は親切で正直、信用できる。だから私は自然と日本人が好きになった。

チャーリー・チャップリン

映画配給会社ユナイテッド・アーティスツ社の日本支社長の地位を用意している。だが、事業はことごとく失敗に終わる。

また、高野を解雇したことを後悔したチャップリンは、何度か高野のところを訪れ、戻ってきてほしそうな様子を見せたが、結局、高野が戻ることはなかった。

高野は１９７１年に86歳で死去する。

チャップリンの娘、ジョゼフィンによれば、訃報《ふほう》を聞いたチャップリンは衝撃を受け、悲しみにくれていたという。

１９７２年４月、チャップリンはアカデミー賞特別賞を受賞するために、アメリカを訪れていた。会場に来ていた振袖姿の黒柳徹子氏がコメントをもらおうと近づくと、チャップリンは「ジャパン！」と叫んで、黒柳氏の手を握りながら目を真っ赤にして泣いた。

そして、「天ぷら、歌舞伎、京都……」など、思いつく限りの日本語を口にしてから「日本のことは決して忘れない」と言ったという（『チャップリンの影』）。

このように、日本人ほど信頼される民族はほかにない。

世界各地を訪れたが、
日本人のような快い国民を
見たことがない！

アルバート・アインシュタイン

1922年に日本を訪れたアインシュタインは、次のように述べている。
「私はまず第一に日本国民の歓待を心底から感謝しなければならない。そして地球上にこのような謙譲にして品徳のある国民が存在することを心に刻まなければならない。世界各地を旅行した私はいまだかつてこのような快い国民にであったことがない。日本の自然や芸術は美しく親しみが深い。また一種独特の価値ある家屋の構造についても、日本国民は欧州かぶれしないように希望してやまない。私は味噌汁も吸い、畳の上にも座ってみた。短い経験であるが日本国民の日常生活を直に受入れることができた外国人の一人であることを信ずる」（朝日新聞1922年2月22日付東京版）
また、発明王エジソンも岡部芳郎《おかべよしろう》という日本人の助手を非常に信頼していたという。岡部は1884年に神戸で生まれ、商船学校で学んだ後、1904年に遠洋航海に出たが、途中で体調を壊したためニューヨークで下船し、そのままアメリカに残った。
そして岡部は電気技師としてエジソンのウェストオレンジ研究所で働

トーマス・エジソン

岡部芳郎

くことになる。

エジソンは岡部を「自分の子どもたちでさえ、私のまわりからしょっちゅう金品を勝手に持ち出すのに、岡部はテーブルの上にお金がおいてあっても、手をつけるようなことは決してしない」と高く評価していた。また、エジソンが暴漢に襲われたときには、得意の柔道で投げ飛ばしたというエピソードも残っている。

岡部はエジソンのもとでトーキーの研究に携わったと伝えられ、１９１４年に帰国してからは日本で映画を製作するなど活躍していたが、45年の神戸大空襲で死亡した。

このとき、エジソンから譲り受けた個人的な品や発明品の多くが焼失したといわれている。

「（望月カズの）博愛精神に対して感謝と尊敬の気持ちがいっぱいで、緊張して演じました」

黄貞順（女優）

韓国で孤児１３３人を養育した「カアちゃん」

中国や朝鮮半島など、歴史的に動乱が続いた東アジアでは、いつの時代にも孤児が多く発生した。もちろん社会的な整備が遅れていたため、こうした社会的弱者は、きわめて厳しい環境にあった。

唐軍をはじめ、モンゴル軍や満蒙八旗軍が侵入した朝鮮半島史は北方諸民族による「強制連行史」ともいえる。ことに「胡乱《こらん》」と称される満蒙八旗軍による強制連行については、記録では、人口の半数以上も強制連行され、売られていったという。

朝鮮史上、もっとも安定した時代は合邦後の朝鮮総督府時代だけだった。朝鮮総督府がなくなると、すぐに南北の動乱が起こった。中国からも「義勇軍」と称されるものが入ってきて、半島を蹂躙《じゅうりん》した。戦後には朝鮮戦争（１９５０～53年）が起こり、自民族の殺し合いで１００万人（５００万人という説もある）単位の戦死者を出し、北方への強制連行者も数十万人に及んだ。

望月カズと子どもたち

韓国人でも自ら「1000万人の離散家族」という、たしかに未曾有《みぞう》の悲劇といえる。動乱の中で、当然ながら孤児があふれる。「漢江《ハンガン》の奇跡」（朴正熙《パクチョンヒ》政権下における急激な経済成長）以前の韓国では、たいてい年に万単位の孤児がアメリカに行ったことはよく知られている。

そういう時代背景の下、韓国で133人もの孤児を育て、孤児たちから「カアちゃん」と呼ばれて慕われた日本女性がいた。「韓国孤児の母」、望月《もちづき》カズである。彼女の存在は多くの韓国人に感動を与え、映画化されるまでになった。

望月カズは、6歳のとき満州で孤児になった。戦後はいったん日本に帰ったものの、母のことが忘れられず、また満州に向かい、その後、韓国で朝鮮戦争に遇《あ》っている。幼いころ孤児になっているのでずっと出自不明であった。

カズ本人の記憶によれば、1927年に東京・高円寺に生まれ、母の名は望月近衛《ちかえ》。父の記憶はほとんどなく、4歳のときに母と満州に渡ったらしい。満州では、軍に食料を納める事業をし、中国人や朝鮮人を雇っていた。ところが、6歳のときに母が殺害されて、孤児になった。以後は人から人へと売られていったということだ。

12歳のとき、買い主から脱走して、日本人の多い勃利《ぼつり》の町に逃げて、牡丹江《ぼたんこう》駐在の日本軍に保護されたという。その時代に、兵士たちから文字と算数を教わった。16歳のとき、戸籍を金で買い、永松晃と養子縁組をして、それ以降は「永松カズ」と名乗っていた。

「望月カズ」と姓を変更したのは１９８2年、カズが亡くなる前年のことだった。「満州で殺害された母の霊を慰めてあげたい一心」からだったという。

朝鮮戦争当時、カズは23歳で、ソウルにいた。１９５０年6月に北朝鮮軍が北から南へ押し寄せ、国連軍が押し返したものの、中国義勇軍がまた北から南へ蹂躙した。約3年の間シーソーゲームが展開され、戦死２７７万人・行方不明者39万人も出し、結局、朝鮮半島は南北に分裂されることになった。街には戦争孤児があふれていた。

その中で、カズはソウルから釜山《プサン》へ避難する。その渦中《かちゅう》で、目の前で銃弾に倒れた韓国人女性に抱かれていた男の子を救った。このことが「孤児たちの母」になるきっかけだった。カズは避難の道すがら孤児を拾いながら一緒に暮らしはじめた。休戦の翌年、ソウルに戻ったときには、孤児の人数は17人にまで増えていた。

「自生自滅」の社会だから、カズと孤児たちの暮らしは厳しかった。釜山では港湾労働者として働き、野菜クズなどを拾ってきては食べていた。さらには軍手製造、豆炭売り、ときには売血までして孤児を育てたという。カズは満州にいたころ理髪店で働いたことがあったので、青空の下で床屋を開いて、何とか糊口《ここう》を凌《しの》ぐことができた。従来大陸で理髪といえば露天でするのが常識で、むしろ「店」のほうがめずらしいことだった。

カズたちはソウルに戻っても青空理髪屋を続けた。そして、60年4月に仁寺洞《インサドン》に土地を手に入れ、「永松理髪」のカンバンをかかげた。

ところが、その2年後、カズの理容師の資格と身元が問われ、警察に引っ張られてしまった。学校や職場から帰ってきた子どもたちは、母ちゃんが警察につれていかれたことを知って、警察所に押し寄せ、「オンマ（カアちゃん）を帰せ」と泣き喚いたという。32人の子どもたちは、そのまま警察署の前で一夜を明かした。それで、警察もやむをえず一時釈放した。

この連行の一件が世間の関心を引いた。カズの理容師資格問題は、63年3月になって朴正煕最高会議議長兼ソウル市長の特別のはからいでやっと受験が可能になり、資格を取得することができた。

理容師の資格を取得したといっても、多くの孤児を育てるのに、カズの細腕一本だけでは楽ではなかった。子どもたちも薪や木炭を売ったり、軍手を編んだりして家計を助けたという。

カズは卑屈な生き方を嫌い、子どもたちの甘えを許さなかった。家の壁にダルマの絵を飾り、「転んでもダルマのように立ち上がれ」と教えていたそうだ。子どもの一人である東由利子は「お母さんに差し上げる手紙」で、こう書いている。

「その多くの子女を人に後ろ指をさされない人物に育てるために、母ちゃんが血を売り、他人の捨てた菜っぱや、じゃがいもを入れたかゆを食べながら、学問を継続せねばならなかった」

そのため、カズが栄養失調と過労で倒れたのは1度や2度ではなかったと手紙の中にもある。

望月カズは、１９６４年にソウル特別名誉市民章を受け、翌年には手記『この子らを見捨てられない』を出版し、ベストセラーとなった。彼女を主人公にした映画『愛は国境を越えて』は65年に公開され、韓国でも日本でもヒットした。彼女を演じた女優の黄貞順《ファンジョンスン》は、「その博愛精神に対して感謝と尊敬の気持ちがいっぱいで、緊張して演じました」と述べている。また、カズの人生は、作家の麗羅によって小説『オンマの世紀』でも描かれている。その後、71年には大韓民国国民勲章冬柏章、76年には日本で吉川英治文化賞、83年には日本政府から勲五等宝冠章《ほうかんしょう》を受けている。

71年の大韓民国国民勲章の叙勲式では、平服と下駄履き姿で大統領府に現れた。そこで職員から、せめて靴だけでもはきかえて欲しいと要求されたが、カズは「私はほかに何も持っていません。これでダメなら帰ります」と拒否し、結局そのままの姿で式に臨んだ。

こうしたカズの頑固さは、韓国にいながら常に日本人であることにこだわった姿勢にも現れている。当時も非常に強い反日気運にありながら、カズは和服かもんぺ姿を守り、端午の節句《たんごのせっく》には、堂々と鯉のぼりを上げたという。

１９８３年11月12日、カズは脳内出血で倒れて、帰らぬ人となった。56歳だった。カズの遺骨は、ソウルのキリスト教一山公園墓苑に納められた。そして、「富士山の見えるところに眠りたい」という遺言にしたがって、85年４月には静岡県富士市の瑞林寺に分骨されている。

「浅川の生涯は短かったが、業績は永く生き続ける」

韓国公州民俗劇博物館館長・沈雨晟

朝鮮半島の自然を愛し、朝鮮人からも愛された男

李朝末期の1885年にソウルからシベリアまで徒歩で半島を踏破したペ・エム・ジェロトケヴィイチは、著書『朝鮮旅行記』の中に、朝鮮半島の景色を「山は禿山《はげやま》、植生《しょくせい》はほとんど見られない」「樹木はほとんど皆無」などと記述している。

日韓合邦後、初代の総督に就任した寺内正毅《まさたけ》は、「大君の恵みの露にうるほいて高麗の山河いろまさりゆく」という和歌を詠んでいる。荒れ果てた朝鮮半島の山河を見て、自分の任務はこの半島に自然を蘇《よみがえ》らせることにほかならないと念じた歌である。

日本と韓国が合邦したとき、最優先課題は、自然更生の治山治水であった。山林緑化の事業計画だけを見ても、農林当局は1911年から毎年4月3日に記念植樹を行い、それからの30年間で5億9000万本の植林を達成している。『朝鮮半島の山林』（土井林学振興会編）によれば、18年から42年までの造林本数は、6億6224000本となっている。

浅川巧

朝鮮半島の自然生態史から見れば、「日帝36年」とは実質的には、歴史的に繰り返されてきた山河崩壊の高進をくいとめ、治山治水による半島の緑化運動史でもあったのだ。

浅川巧《たくみ》は、その事業に多大な貢献をした日本人の一人である。

巧は1891年、山梨県北巨摩郡甲村（現在の北杜市）に生まれた。7つ上の兄伯教《のりたか》と4つ上の姉栄がいた。巧は秋田尋常高等小学校卒業後、1907年に甲府市の山梨県立農林学校に入った。当時、塩崎尋常小学校に勤めていた兄と2人で借家を借りて自炊し、兄の勧めでメソジスト教会に通い、洗礼を受けている。巧は2番の成績で卒業後、秋田県大館営林署に勤めた。

兄の伯教は1913年に朝鮮へ渡り、そこで小学校の図工教師をしながら、彫刻作品の制作、陶磁器の研究をしていた。翌年、巧は兄を追って朝鮮に渡り、朝鮮総督府農商工部山林課の林業試験所に職を得て、朝鮮の樹木や移入種の育苗《いくびょう》に関する研究に従事することになる。以来、1931年に亡くなるまで十数年間は半任官技手として、朝鮮の禿山を緑化するための研究に従事した。

15年にはこれまでの難題だった、朝鮮ゴヨウマツと朝鮮カラマツの育苗に成功している。巧は「露天埋蔵法」という独自の育苗法で、秋に土と混ぜた種子を埋めて落ち葉をかぶせておき、春に取り出して発芽させるという方法である。

さらに、禿山の植林について、樹種はミヤマハギが最適なことを発見した。「山林を自然法に帰せ、それより道はないのだ」というのが口癖《くちぐせ》だった。

一方、兄の伯教による朝鮮美術工芸に関する研究は、柳宗悦《やなぎむねよし》と並ぶといわれている。柳は朝鮮の美を絶賛する代表的な日本人として、日本より韓国で有名である。浅川兄弟と柳宗悦との付き合いは深い。その詳細について浅川巧の「全集」以外に『回想の浅川兄弟』（高崎宗司ほか編、草風館）、『朝鮮の土となった日本人』（高崎宗司著、草風館）に詳しい。

巧は朝鮮の風習に心酔し、朝鮮語を流暢《りゅうちょう》に話し、朝鮮の服を着て、風土にもとけこんだので、むしろ柳宗悦以上に朝鮮には詳しかった。浅川兄弟は柳の朝鮮趣味への道案内人ともいえる。

巧は、周囲に集まる朝鮮人の同僚や子どもたちを非常に大切にした。そして、少ない収入の中から、朝鮮人の学生たちに奨学金を与えている。しかもそのことを妻子にも告げなかったという。

「神様に金をためないと誓った」と言い、自分も貧しいにもかかわらず、憐れな物売りなどからわざと高い値段で買ったりしていた。そのため、巧の家の勝手口には、感謝の品が届けられていることもあったという（名腰二荒之助編著『日韓2000年の真実』）

巧は兄とともに朝鮮白磁をはじめ、朝鮮陶器を研究、さらには木工芸品を優れた芸術として日本に紹介している。朝鮮の植林から風土・文化・芸術まで幅広くかの地を愛していた。その成果として、巧は石戸谷勉《いしとやつとむ》とともに『朝鮮巨樹老樹名木誌』を編集しただけでなく、『朝鮮の膳』（1929年）『朝鮮陶磁名考』（1931年）という著書も刊行している。

これらの業績に対して、高校教師である洪淳赫は、1931年の東亜日報に寄稿し、「外国人の手で、これだけの材料と研究を、私たちに提示してくれただけでもありがたく、恥ずかしいことである」と書いている。

巧は1931年に42歳の若さで死去した。風邪をこじらせ、急性肺炎になったのが原因だった。柳宗悦によると、訃報《ふほう》を知った朝鮮の人びとは、そろって弔問《ちょうもん》に訪れ、亡骸《なきがら》の横で慟哭《どうこく》したという。

巧の墓は、終戦後に朝鮮半島で起きた反日運動により壊され、そのまま放置され、忘れ去られた。

だが、1964年にこの墓が見つかり、関係者の手により修復されたのである。66年に韓国林業試験場職員一同により、ソウル郊外の忘憂里《マンウリ》にて巧の功徳碑が建てられ、86年には日本人関係者が追慕碑を建てた。

浅川巧について、柳は追悼文の中で「本当に朝鮮を愛し、朝鮮人を愛した人」「そうしてほんとうに朝鮮人からも愛されたのである」と語っている。

韓国公州民俗劇博物館館長の沈両晟は「彼の生涯は短かったが、業績は永く生き続ける」、韓日伝統文化交流協会会長の趙万済は、「日本人の中で浅川巧ほど親しまれている日本人はいない」と語っている。

１９９４年には、巧の人生を小説化した『白磁の人』（江宮隆之著、河出書房新社）が刊行され、２０１２年には映画化の予定である。

「高橋博士の残された貴重かつ膨大な資料によって、韓国農業のさらなる研究開発が進むことを期待できます」

韓国農法振興庁の金仁植庁長

韓国の飢餓を救い人口増加に寄与した農学者たち

北朝鮮の深刻な食糧不足は、いまでもよくニュースなどで取り上げられるが、朝鮮半島における飢餓問題は、歴史的なものであった。

そもそも朝鮮半島には、「三北問題」（東北、北部、西北）が存在してきた。少なくとも高麗王朝から李朝朝鮮時代まで、豊かな三南地方とは対照的に、北部は貧困に悩まされてきた。貧しい三北地方の農民は、封禁の地・満州、凍原のシベリアへと移住し、さらには日韓合邦後には、海をわたって日本にも流出してきた。

朝鮮半島における李朝時代の農業や農民の悲惨さについては、丁若鏞《チョンヤギョン》による『牧民心書《モンミンシムソ》』に詳しい。

一方、日本の伝統農業は、柳田国男が「稲作文化」と定義するほど、水稲栽培が中心で、麦作や雑穀作とは異なる。日本では大陸や朝鮮半島のように旱魃《かんばつ》などによる深刻な飢饉は比較的少なかった。あったとしても、それは火山活動が主因であり、生活史としては、日本のほうが恵まれていた。

日清戦争のきっかけとなった東学党の乱は、「甲午《こうご》農民戦争」とも呼ばれていることからわかるように、農民に対する李朝の重税政策など、農業問題が噴出したものだった。

このように朝鮮における農業問題は歴史的なものだが、それが一変したのは日韓合邦（１９１０年）以後のことである。日本との合邦により、朝鮮半島における農業問題は根源から解決し、さらに農から工への産業化を可能にしたのである。

そこには、毎年日本から朝鮮総督府予算の15〜20パーセントに当たるほどの資金補助、産業投資があったからこそ可能となったことであった。こうした朝鮮優遇策に、日本の東北のみならず、台湾総督府からも不満の声が上がるほどだった。

日本人の朝鮮農業や農政への関心は、日韓合邦以前にも高かった。明治維新後から、中国や朝鮮などのアジアの改革に心を寄せる者たちが多かった。農学者の津田仙《つだせん》もその一人である。彼は女性教育の先覚者であり津田塾大学の創立者・津田梅子の父親である。

津田仙は、オランダの園芸家ダニエル・ホイブレンクに西洋農法を学んで帰国した後、『農業三事』という農業技術書を著し、日本だけでは

津田仙

なく世界的にも知られるようになった。

津田仙は1837年、下総国（千葉県）佐倉の生まれで、江戸に出て蘭学を学び、25歳で徳川御三家の一つ、田安家の家臣・津田栄七の養子となった。開国後に外国奉行通弁《つうべん》となり、明治初年に『農業雑誌』を創刊。73年オーストリアのウイーンで開催された万国博覧会に、日本政府から樹芸法の専門家として派遣され、翌年、帰国後に出版したのが『農業三事』である。

維新後の1881年4月、近代的文物や制度を学ぶために、朝鮮からいわゆる「紳士遊覧団」が訪日した。当時の朝鮮では、中国の臣下（属）であることを尊ぶ「事大派《じだい》」と、新たな改革を目指す「開化派」が争っていたが、その開化派の一員である安宗洙や李樹廷らが来日している。

安宗洙は、高名な津田仙の家を訪ね、西洋農学とキリスト教について教えを乞うた。津田の『農業三事』を朝鮮に持ち帰った安は、これをもとに『農政新編』というヨーロッパ農法の書物を刊行、外国の先進的技術の導入を主張し、近代新農法の啓蒙と普及に大きな役割を果たしている。

津田は1883年に朝鮮を訪れ、初期の朝鮮農政改革に大きな影響を与えている。さらに新農法の啓蒙と推進のため仁川に「農務社」が設立されたが、ここでも津田の支援と協力が大きく役立っている。

朝鮮の農業に貢献したのは津田だけではない。忘れてはならないのは、朝鮮総督の宇垣一成《うがきかずしげ》である。

宇垣は農家の出身で、陸軍大学校長、4期にわたる陸軍大臣を務めた軍人であるだけでなく、外務大臣、拓務大臣、朝鮮総督まで務め、総理大臣にまで推挙されながら、陸軍の反対で断念せざるをえなかった政治家、外交家でもある。戦後の1953年に行われた参議院全国区選挙では、50万票という最高得票で当選したことからも、国民に人気があったことがわかる。

今村均《ひとし》大将は「もし宇垣一成が首相であったなら、大東亜戦争は起こらなかったであろうし、起こったとしても、切り上げどきを間違えなかったに違いない」とまで、その能力を評価している。

宇垣が総督時代（1931〜36年）に朝鮮で断行したのは、農山漁村振興運動であった。それはただの増産運動というよりも、物心両面から農民の自立を支援する一種の農民自立運動であった。

宇垣は従来の総督府を頂点とする「奨励本位」の行政のあり方を「農民本位」に改め、ただ経済目標だけではなく、勤労愛好、自主自立、報

宇垣一成

恩感謝の3目標を同時に掲げ、農民の覚醒から、「自ら聞き、自ら見、自ら考え、自ら律し、自ら治め、自ら励み、自ら働く」という独立自尊の精神によって農業を展開させることとした。宇垣の口から、たびたび「心田開発」「物心一如」「自治自律」という言葉が語られた。しかも「30年」を長期目標として、日本内地の生活水準に追いつくという計画を立てていた。

農山漁村振興運動を推進するため、広く中堅人物、中堅青年の育成から、農家の家計簿などの記帳を主婦の手に移したり、集落単位の婦人講習会、諺文《オンモン》と算数を教えて識字活動に着手するといった活動を行った。

この運動は総督をはじめ、各地方官署、学校、金融組合、企業諸団体など全行政機構を総動員した一大運動であった。苦境にある農家の個々を対象としての指導・啓発運動であって、農民の経済更生を目指したものである。

当時、農林局土地改良課の山口盛によれば、宇垣の農村振興運動は、明治維新以前の徳川時代の上杉鷹山《ようざん》、徳川光圀、あるいは信州松代藩家老の恩田木工《おんだもく》、二宮尊徳などの藩政改革や世直し運動以上に、一藩一郷の範囲を超え、しかも民族を超越して広く官民各層の共鳴を呼び、大衆生活に浸透し、善意と愛情に満ち溢れる「善政」だと、高く評価している（『宇垣総督の農村振興運動』友邦協会）。

ソウル以外には村しかなかった朝鮮王国において、近代的科学的土地調査が行われたのは日韓合邦以後である。東洋最後の秘境と見なされていた朝鮮において、地形、地貌《ちぼう》、地積が明らかにされ、5万分の1の地図がつくられ、農村にはじめて近代化が進められた。耕地だけをみても、隠田が発見され、耕地が倍増した。

こうした朝鮮半島において、「生態学的」アプローチから26年間にわたり全土の農業を調査し、膨大な資料を残した農学者が、高橋昇である。彼は、1992年のNHK教育テレビ「コメに揺れた日韓近代史」で紹介されてから、やっと広く知られるようになった。

高橋昇は1892年、九州の八女の生まれで、東京帝国大農科大学在学中に高橋家の養子になった。卒業後の1918年から欧米を視察し、シベリア鉄道で韓国の水原に入ったのは28年であった。それからまもなく西鮮支場長に任命され、「朝鮮農業の実態調査」を構想しはじめた。

高橋の農業実態調査は37年から40年までの4年間に集中して行われたが、調査は25年間にわたり、朝鮮全土からさらに満州、中国の華北、華中までも足を延ばしている。主要作物の水稲、大小麦、とうもろこし、高粱《コーリヤン》、ゴマ、大豆など、1万3770種を収集し、200ページに及ぶ朝鮮農業地図をつくっている。

勧業模範場（後の農業試験場）の100周年祭に際し、韓国農法振興庁の金仁植《キムインシク》庁長は、「故高橋昇博士がわが国の農業技術が確認される膨大な記録を残していました」「博士の残された貴重かつ膨大な資料によって、韓国農業のさらなる研究開発が進むことを期待できます」と述べている。

こうした日本人による農業、農政改革により、朝鮮半島における収穫量は飛躍的に拡大した。日韓合邦以前の産米高は約１０００万石前後だったが、それが昭和時代に入ると常に２００0万石を突破するようになった。

しかも、日本政府による朝鮮産米の買入価格は、奨励金などを算入すると1石あたり62円50銭、それに対して標準売り渡し価格は43円であった（１９４３年）。つまり逆ざやであり、日本国民によって朝鮮半島の米作が支えられていたのである。

日本による農業近代化によって食糧事情が好転し、日露戦争後の統監政治から日韓合邦時代に朝鮮半島の人口ははじめて１０００万人を超えたのである。

「今日、われわれの（台湾）社会は、国会から家族にいたるまで、憎み合い、啀《いが》み合い、殺伐《さつばつ》な気が満ち溢れている。考えればば万悪の根源はすべて戦後の恨《ハン》の教育にある。願わくば、井上伊之助に学び、恨から愛の教えを」

台湾キリスト教長老教会牧師・盧俊義

台湾の先住民集落に「伝道医」として入り込んだクリスチャン

２０１０年の春、私は台北で台湾の最大手「民衆テレビ」の取材を受けたことがあった。ネパールの僻地《へきち》医療に生涯を捧げた台南出身のある女医についてである。

じつは私は彼女に一度も会ったことがなかった。数十年間「井上魯《ろ》鈍《どん》」という仮名で、アジアの国々を回って「伝道医」として医療ボランティア活動を続けてきた女性だった。その彼女がネパールの山地医療活動中に転落死したのである。

そのことについて尋ねられたインタビューの最中に、取材担当者の目が赤くなり、涙が出たのを見て、私も絶句し、もらい泣きしてしまった。翌朝放送された番組を見て、全台湾の視聴者は大いに泣いたという話を聞いた。

「もし神さまが、ただ一つだけ希望を聞いてくださるなら、台湾という自分の国を持ちたい」というのが彼女の人生最大の夢だった。その彼女

井上伊之助

がずっと「井上魯鈍」を名乗っていたのは、それなりの由来がある。「井上」は日本人伝道医・井上伊之助《いのすけ》の姓をもらい受け、「魯鈍」(浅はか)はトルストイの小説からとったもので謙《けん》遜《そん》の意味があったのだろう。

そもそも台湾は「化外の地」だけではなく、人の住めない「瘴癘《しょうれい》(風土病)の地」だった。日本でも「鬼が島」と見なされたことがあった。日本の領台時代、台湾を人の住めない島から人の住める島に変えていくために、多くの日本人医師が病に倒れている。首狩り族に首を狩られて倒れたこともあった。

井上伊之助は、北里柴三郎のように医学界で大きな発見や研究成果を残した世界的な名医ではない。しかし、未開の山地へ伝道医として入っていって、多くの台湾人の命を救った。その生き様は台湾では今なお医師の鑑《かがみ》として尊敬されている。

伊之助は、1882年に高知県幡多で生まれた。彼の父親の弥之助《やのすけ》は、1906年に台湾の花蓮付近にある烏理蕃地《ウイリーばんち》で「生蕃《せいばん》」(先住民)に殺されている。

伊之助は、1903年に洗礼を受け、06年に聖書学院へ入学。在学中、父が台湾の先住民に殺害されたことを知った。クリスチャンだった伊之助には、「目には目を」という論理はなく、父の復仇《ふっきゅう》の代わりに、「愛」をもって先住民を感化しようと決意し、父が殺された翌年に渡台したのである。

１９１１年11年12月、井上は新竹庁から「蕃地事務嘱託《しょくたく》の樹杞林支庁カラバイ蕃人療養所勤務を命ず」との辞令を受け、一人で先住民地区へと入っていった。翌年には、妻子も現地に呼び寄せている。そのころの蕃社《ばんしゃ》（先住民の住む集落）には公医がいなかったため、井上はその地区で唯一の医師として重宝されることになる。

正式に医学校を出たわけでもなく、伊豆仁田の「宝血堂病院」で1年間学んだつたない医術だけを頼りに頑張り、多くの実地経験をこなしていくうちに、次第に医療技術を高めていった。

井上伊之助は、そこでの医療の様子を『台湾山地伝道記』（後に『台湾山地医療伝道記』と改題）で記録しており、先住民の掘っ建て小屋で山地の医療をはじめ、30年間続けた医療伝道の貴重な資料となっている。井上の記録は、１９９７年に台湾で漢訳され、『上帝在編織』（台南人光出版）という題名で刊行されている。

台湾における医療伝道の記録としては、このほかにマカイ（馬偕）の伝道記があるが、マカイもまた医師ではなく、もともとはカナダから来た西洋伝道師であった。

井上が現地へ赴いた当時、山岳民たちが病気を災厄《さいやく》と考え、霊のたたりや神罰だという迷信を信じていた。治療といえばもっぱら悪霊や悪鬼を退治するまじないに頼り、一種の宗教療法しか知らなかった。治療に当たるのは、医師ではなく巫女《みこ》である。

その後、先住民が漢人と接触するようになってからは、いくらか治療法も変わったが、それでも数種の草根や樹皮を使用する、今でいう漢方治療的なものになっただけだった。彼らが総督府の行う医療を受け入れたのは、それからずっと後の１９１４年からである。

この年以降、各集落に療養所ができはじめる。さらに総督府は、彼らを治める策として、地区に警察官を駐在させて駐在所には医療機関を併設させた。彼らの信じる迷信をなくし、衛生観念を養成しようと試みたのだ。

しかし、近代化に対する抵抗と不信感が根強く残る先住民集落では、彼らと日本人の衝突がしばしば起こった。山地の反抗が完全に平定されたのは、第5代総督・佐久間左馬太《さまた》大将の代になってからである。

井上が入ったころは、まさに危険地帯であり、カラバイ療養所に到着する2日前にも、日本人が殺されたばかりだった。井上は、迎えにきた駐在所の用務員とともに6里の山道を歩いて、やっと医師も看護婦もいない療養所にたどり着いた。

山地伝道医となったばかりの井上の耳には、先住民による「蕃害」についての話しか聞こえてこなかった。誰かが死んだという報である。「蕃害の報ばかりが流れるうちに、我も死んだと人に言われん」と、彼は記している。

先住民の天敵は支那人であった。初代総督だった樺山資紀《かばやますけのり》は、「彼らが日本人を支那人と同じに見ないように、先住民に悪い印象を残してはならない」とつねに訓告しており、彼らを敵に回したら、今後の台湾開拓の大事業は不可能だと警告していた。

先住民集落の医療伝道を通して、井上は次第に彼らの信頼を得ていった。ときには、彼らの家に泊まるようにもなった。これは、日本人としては異例のことであり、井上が泊まるときは付近の老若男女が集まってきて、夜が更けるまでさまざまな話に花を咲かせたという。

家族を呼び寄せてからは、伊之助は衛生環境の悪い山地で家族とともに伝道医療活動を続けた。しかし、そこで全員が風土病と疫病に感染してしまった。長女、次女、次男の３人とも病死し、妻まで死にかかった。

だが伊之助は、自身が日本に一時帰国して３カ月入院した後、再び台湾の山地に戻り、医療活動を続けた。

井上は、たった一人で山奥を巡回伝道しながら、先住民に医療活動を施《ほどこ》し続け、１９３０年にようやく台湾総督府から正式に医師免許を与えられた。

戦後になっても「高天命」と名を変えて、伝道医として医療活動を続けたが、１９４７年に大陸から渡ってきた国民党による台湾人知識人の虐殺事件「２・28事件」により、国民党から台湾を追われた。井上は日本に帰国し、そのとき台湾から持ち帰ったのは、３人の子どもの骨壺だけだった。翌年から静岡県清水の東海大学に講師として勤務し、54年に退職する。そして１９６６年、神戸にて人生の旅路を終えた。83歳であった。

彼の墓碑銘には「愛」の一字と、その下には彼が愛した台湾先住民タイヤル族の言葉「TOMINUNUTOF」が刻まれている。

なお、2011年に台湾で公開された映画『賽徳克《セデレック》・巴萊《バレイ》』（1930年に起きた霧社《むしゃ》事件〈台湾先住民による日本居留民の襲撃事件〉を描いている）が大ヒットした。この映画の空前の大ヒットとともに、その背後に隠されていた、もう一つの物語である「井上伊之助物語」も発掘され、インターネット上で広く伝えられるようになった。

霧社事件後、反乱村落の先住民は山中の川中島に集団移住させられた。だが、そこではマラリアの疫病が猛威をふるっていた。このとき、みずから川中島に駆けつけたのが井上伊之助である。以来、伊之助は村落の守り神のように先住民から仰ぎ慕われるようになる。

戦後1947年の「2・28事件」後に、井上が国民党政府から追われているというニュースが伝わった際、村中がパニックになり、みんなが号泣したという。

映画『賽徳克・巴萊』で主人公として扱われたダナス・キウイ（日本名・花岡二郎。日本の警官になった先住民で、霧社事件では日本の警察と先住民の間で板挟みになり、自決）の未亡人高彩雲（漢名）は、川中島への移住一週間後にお産で、出血多量で死にかかった。命を救ってくれたのが、この村に駆けつけた伊之助であった。

それから半世紀を経て、彼女は恩人探しを続けていた。埔里診療所の鄧相揚医師が奔走した結果、埼玉県入間市に伊之助が眠る墓が見つかった。１９９９年、日本にやってきた彼女は墓前で泣き崩れた。

井上伊之助の「恨ではなく愛」の姿に多くの人が感銘を受け、台湾では「井上伊之助に学べ」という気運が高まっている。

「政府の義務教育以外にも、熱心な医師がわざわざ日本からやって来た。その中でももっとも台湾人に偲《しの》ばれているのが木村謹吾医師である」

管仁健（台湾の作家）

三代にわたり視覚障害者教育に命を燃やした医師

日清戦争（１８９４～95年）に勝利した結果、日本は下関条約によって清国から朝鮮独立の承認や台湾の永久割譲などを勝ち取った。だが、その後の仏・独・露の「三国干渉」を機に清国では権力闘争が激化し、締結した下関条約に対する非難の声が上がった。

そこにつけこみ、フランスが台湾を１億円で買い取る算段をする一方、台湾ではフランス海軍士官のアドバイスで、「台湾民主国」が急造され、日本への割譲に抵抗する動きが起こった。これに対し、初代台湾総督・樺山資紀大将が率いる日本軍は台湾北部から上陸した。ところが、「台湾民主国」の総統・唐景崧は、北白川宮能久《よしひさ》親王の近衛師団との初戦に負けただけで、夜逃げして中国大陸へ逃げ帰ってしまった。

残された兵士たちが、これに怒って、無政府状態下の台北城内で府庫に残った銀を略奪し、城内は地獄絵図と化した。そこで台北商会の代表は日本軍の陣地へ急行し、救援と治安維持を哀願したのだった。

日本軍が台北城に着くと、乱暴狼藉《ろうぜき》を働いていた兵士たちも逃げ出し、日本軍は無血入城を果たした。これについては、洪棄父の『台湾戦記』や姚錫光の『東方兵事紀略』、アメリカ人記者ダビッドソンの『台湾島の過去及現在』に詳しい。
唐景崧《とうけいそん》総統が逃亡した後の台湾民主国の元首は、清仏戦争で勇名を馳《は》せた劉永福《りゅうえいふく》であった。だが劉も砲台視察という口実で、夜中に家族と側近を連れて厦門《アモイ》に逃げ帰ってしまった。

その翌日、またも元首逃亡を知った兵士たちは、今度は台南城の民衆から略奪をはじめた。そこで商会やキリスト教会長老のバークレイ博士が台湾城民を代表して乃木希典《まれすけ》将軍の本営を訪れ、救援を嘆願した。そして日本軍は台南に入城し、城民を守ったのである。

こうした戦闘状態のなか、１８９５年9月に20名の軍医とともに渡台してきたのが、木村謹吾である。木村は台湾の地を踏んでから50年、最初は軍医として台湾の疫病退治に携わり、後には開業医として盲人教育に生涯を捧げた人物である。

木村が盲人教育への関心を寄せる契機となったのは、乃木師団が台南に入城した後、イギリス人伝道師であるウイリアム・キャンベルが開いていた「訓瞽堂」の盲人教育を見学したことである。

キャンベルは１８７０年に台湾にやってきた。盲人教育は自分にとっ

木村謹吾

て最後の神職であると信じていた。日本軍の台湾出兵中には、清国政府軍の略奪から台南城民を守るために乃木師団の台南入城を請願している。後に日本政府から勲章などを下賜されている。

木村は戦火の中でも盲人が懸命に点字を勉強する姿を見て、痛く感動した。ことに、盲学生たちの「聖歌」の歌声に強く心を打たれた。福沢諭吉が大砲の音を聞きながら子弟に勉強を教え続けていたことを連想し、新しい使命感と生きがいを見つけたのだ。

盲人教育に強い関心を抱いたもう一つの理由は、木村の父親も盲人であり、東京と横浜で盲唖教育を行っていたからだ。

キャンベルの盲人教育を見学した木村は、帰国後、父にそのことを話した。それを聞いた父親は、「お前が従軍して家を出たときから、お前の体は国家に捧げたものと覚悟している。大切な日本の盲人教育を西人に委《ゆだ》ねておいてはいけない。もしお前が台湾に居住するならば、台湾の盲人教育を父に代わって終生の仕事としてやってくれ」と激励した。これにより、木村は台湾の盲人教育に人生を捧げる覚悟を決めたのである。

1940年当時の台湾州立盲啞学校

もちろん社会からの理解はそれほど簡単ではなかった。許可が下りて台北に木村盲唖教育所を開設できたのは、1917年になってからのことである。ちなみに、日本で最初に盲唖学校が開設されたのは1878年、京都盲唖院であった。

木村は渡台して台北に木村胃腸病院を開き、2階に無月謝の盲唖教育所を設立した。こうして右手に聴診器、左手で教鞭をとるという、激務の毎日が始まった。はじめは妻と娘も教えていた。木村は、20年あまりの間に私財3000円を投入している。

開設から10年あまり経ち、ようやく木村の教育所は台北州立台北盲唖学校に移管されることになった。1938年、長男である木村高明が盲唖学校校長の跡を継ぎ、それで木村家は三代にわたり盲人教育に人生を捧げることになったのである。

1923年、皇太子だった昭和天皇が台湾を訪問した際、木村も皇太子に拝謁《はいえつ》し、教育功労者として賞勲局から銀杯を賜っている。さらに紀元2600年記念に際し、帝国教育会から親子三代にわたる教育者としての表彰を受けている。

戦後、木村謹吾、高明親子は台湾を離れることになったが、1967年に木村高明が台北を訪れた際、松山空港で50人を超えるかつての卒業生に大歓迎されたことを、同年10月8日のテレビニュースが伝えている。

なお、台北州立盲唖学校は戦後も続き、1945年に「台湾省立台北盲唖学校」、62年に

「台湾省立台北盲聾学校」、67年には台北市立盲聾学校となり、その後、台北市立啓明学校と校名を改めている。校祖は木村謹吾である。

現在では、障害者教育は特殊専門学校よりも普通学校で共学するのが世界の流れである。淡江大学には「盲生資源中心」があり、障害者教育を行なっている。その一方で、現在の台湾には啓明学校が３校あり、各地域の障害者教育を支援している。

いずれにしても、台湾における障害者教育の開拓者、先駆として、木村親子の名は今でも「台湾盲人教育の父」として台湾人に感動を与え続けているのである。

第2章　他国を救った日本人の真心

「１９３２年以前、笹目恒雄がモンゴル人子弟を日本に送り、日本の学校で学ばせたように、モンゴルの子どもたちに近代教育を受けさせようという私的な試みが幾つかあった」

『Mongolia & Inner Asia Studies Unit』（ケンブリッジ大学、２００１年）

国を越えてモンゴル草原の天民となる

東アジアではじめて「五族共和」を国是としたのは清帝国であった。ユーラシア大陸西側のゲルマン系諸族が繰り返し南方のラテン系諸族を南へ南へと追いつめていくように、東側の北方騎馬民族も漢、越系諸族を南へ南へ追いつめていく。

東亜大陸では、いくら農耕民族が万里の長城を築いたとしても、北方の遊牧民族は何度も長城を越えて南の農耕地域に入り、中華世界に君臨した。東亜東北方の森林に興った満州人は中華世界を征服した後、さらに西域の草原、チベット高原をも征服した。中国を征服した、遼《りょう》・金《きん》・元《げん》諸王朝の過去の経験に学んで、満・蒙・漢・回（ウイグル）・蔵（チベット）の五族共和を唱えたのだった。

中華民国成立後、従来「韃虜《タタール》（モンゴル）を駆逐し、中華を回復する」と唱えてきた孫文《そんぶん》、章炳麟《しょうへいりん》ら大漢民族主義者たちは、清帝国の遺産を継承するためには、「五族共和」を唱える康《こう》有為《ゆうい》、梁啓超《りょうけいちょう》らの大中華民族主義に改宗せざるをえなかった。

だが、孫文がいう「五族共和」とは非漢族の「少数民族」を漢族に同化させる同化主義にほかならないと『三民主義』で言明している。その理由は、人口が少ないから「小」が「大」に同化されるべきだという中華主義的な考え方だった。

中華民国に続いて「五族共和」を目指したのは、アメリカ合衆国をモデルにした満州国である。もちろん満州国が「五族共和」を国是とするのは、ただ清帝国の再建を目指すだけではなかった。そもそも遊牧民族の匈奴《きょうど》帝国からもわかるように、歴代の遊牧帝国はたいてい諸族連合で、清帝国も実質的にはオーストリア・ハンガリー帝国のように満蒙の連合帝国だった。

語系から見れば東アジアのアルタイ語系はトルコ、モンゴル、ツングースの三系に分かれる。満州人も朝鮮人も日本人も語系から見ればツングース語系に属し、近親関係から考えも近い。人類はすべて漢人に同化されるべきという漢化、王化主義よりも、「共和」に魅かれるのは、それなり共有の「天性」があるからだろう。

「満蒙」諸民族が「中華」に同化されるのを拒み、「天下一国主義」の中華思想ではなく、満蒙民族の独立や「共和主義」を目指すのも、日本人が「和」を志向する「大和民族」として「共和」に魅《ひ》かれるのも、自主独立を守る非漢族の「天性」からくるものだ。

古来からの満蒙の地でモンゴル人と満州人を支援しつづけた笹目恒雄《ささめつねお》もほかならぬ代表的な日本人の一人である。

笹目恒雄は1902年に生まれ、1997年に天寿をまっとうしている。享年95である。「天命」(神託《しんたく》)だと信じこんでいた100歳には達しなかったものの、明治・大正・昭和・平成の４代を生き抜いてきた。茨城県に生まれたが、両親を早く亡くしたため、少年時代は東京の天台宗目黒不動尊の住職である叔父のところで過ごした。中央大学法学部を出た後、東大哲学科でも聴講したことがあり、シャーマニズムについての関心も強く、宗教心も強かった。

一人の求道者《ぐどうしゃ》として、１９２４年から満州へ渡り、白頭山《はくとうさん》の天池で道士と神仙道を修行し、民族を超える「天民」として、万民救済の旅に出た。西へホロンバイル大草原を馬で進む放浪の旅で、偶然、内蒙古《うちもうこ》（南モンゴル）から蒙古へ嫁にきた婦人に出会った。ホロンバイル・シンバルホ右翼旗のアルタンバルサ郡王の姉であり、夫のジャムスルンはケルレン東旗の旗長バルチョン親王の三男である。

笹目の出生日がたまたまジャムスルン夫人の下の息子と同年同月同日という偶然の一致という「奇縁」で、夫人の「拝天母子」と縁を結び、夫人の養子になる。22歳のときであった。

この出会いからさかのぼって3年前に庫倫《クーロン》（現在のウランバートル）に共産主義革命が発生し、モンゴルでも日々共産化が進んでいた。笹目の提言でジャムスルン夫人は、財産である牛１０００頭、羊５０００頭が国有化される前に南モンゴルへと移動させた。この資産はのち、北京とホロンバイルにモンゴル人の教育機関をつくる資金源となった。１９２８年、北京に「満蒙義塾」がつくられている。

笹目がモンゴル留学生の育成という志（天命）を抱きはじめたのは、白頭山の修行後、モンゴル草原を放浪（遍路）してからのことだった。帰国後、留学生を受け入れる資金活動を続け、悪戦苦闘の末、大祖父の笹目八郎《はちろう》右《え》衛門《もん》と大本教の出口王《お》仁《に》三郎《さぶろう》師の支援を得て、「戴天《たいてん》義塾」を開設した。

最初、モンゴルからきた1期生と2期生の講義は大本教が提供する「関東別院（横浜）」で行われた。１９２７年、ある実業家から数年空き家になっていた大邸宅を提供され、「戴天義塾」は移転した。それからモンゴルからの塾生は増え、優秀な人材を輩出している。早稲田政経専門部出身のバタは、満州建国後に帰国し、興安《こうあん》北省（元ホロンバイル）の省秘書官となり、ソ連軍の満州侵攻後にはモンゴル人の民族指導者となっている。セルシンガーは陸軍士官学校に学んだ後、満州建国後には「溥儀《ふぎ》皇帝」側近の近衛隊長に就任している。同じ陸士出身のフフバーハルは、モンゴル独立運動の指導者・徳王（デムチュクドンロブ）が成立させた蒙古連合自治政府の主役の一人となったものの、１９３５年に北京で暗殺された。

義塾は8年間で36人のモンゴル少年を育てたが、１９３１年に解散した。「戴天義塾」には、吉川英治や頭山満、黒龍会主幹の内田良平などが訪れ、大いに支援した。

ケンブリッジ大学の『Mongolia & Inner Asia Studies Unit』（２００１年）にも、笹目の活動がこう記されている。

「１９３２年以前、笹目恒雄がモンゴル人子弟を日本に送り、日本の学校で学ばせたように、モンゴルの子どもたちに近代教育を受けさせようという私的な試みが幾つかあった」

その後、笹目は「真正蒙古国家」の再建を目指して、徳王の蒙古連合自治政府の国家再建運動に協力したが、志を遂げることはできなかった。ソ連軍の満州侵攻後、笹目はシベリアへ送られ、12年間近くツンドラの煉獄で地獄の苦しみを味わったが、何とか生き残り、１９５７年に日本へ帰ってきた。

笹目は道士よりも山岳修験者《しゅげんじゃ》らしく、お遍路さんよりも山伏に似ている。道士はほとんど道観に閉じこもるのが多く、修錬といえば昇仙術のみだ。もちろん、救世済民という思想はない。笹目のように、モンゴル民族の再生に不惜身命《ふしゃくしんみょう》で青春をかけるのは、じつに日本人らしい。それは真の「思いやり」というものではないだろうか。

１９７６年に自叙伝の『神仙の寵児』全８巻を上梓《じょうし》する。モンゴル民族の再生に生涯を捧げた笹目恒雄は、国士でもなければ「世界革命」を目指す革命の闘士でもない。超民族的な天民として、人類はすべてが「兄弟」というコスモポリタン的な日本人である。作家の吉川英治は笹目について、「笹目君の人生は修道の歴史だ。人を益すること多大である」と賛辞を贈っている。

「日本はアジアの誇りであり、世界に対して大きな役割を果たしています。モンゴル国民に対する援助は世界一、モンゴルの人が一番頼りにしているのが日本です」

司馬遼太郎の小説『草原の記』のモデルになったバルダンギン・ツェベクマ

モンゴルで「人間育成」に一生を捧げた日本女性

司馬遼太郎がペンネームをつけるとき、「遼」太郎とネーミングしたのは、中国の「歴史の父」司馬遷にはるかに及ばない、だから「遼」太郎にしたと語ったことがある。

私は学生のころから中国の諸史だけでなく、司馬遼太郎の著書の愛読者でもあった。「不可知」「不可解」な人物の運命については、司馬遷はたいてい「天命かな」と逃げる一方である。むしろ司馬遼太郎のほうがより歴史の本質に迫るところが多々あるように感じる。彼の史眼・史説に教えられるところが数え切れないほど多く、感動することも多い。

歴史小説家としてだけでなく、史家としてもはるかに司馬遷を超えているので、「遼」よりも「超」のほうがふさわしいのではないかと思うこともしばしばである。

司馬遼太郎は大阪外語学校（現在の大阪外国語大学）モンゴル語科の出身である。北京大学を訪れたとき、教授たちから奇人変人とも思われたのは、「モンゴル語」を学んだということがあったからだ。中国人学者の「学」とは、たいてい「ためになる」のが学の動機であり、「科挙」がほかならぬその象徴である。北京大学の先生たちにとっては、「モンゴル語」を学ぶことは、その目的がわからない、怪しい行動と映ったのだろう。

中国人のモンゴルへの関心は、ほとんどがその土地と資源にしかない。文豪魯迅《ろじん》が、学校で「モンゴル人の遠征」について学んだとき、歴史教科書に「われわれのヨーロッパ遠征」と書かれていたので、首をかしげたこともあったという。

日本人は、「土地」ではなく、むしろモンゴルの「人」と「文化」に関心がある。そこが「漢意《からごころ》（唐心）」と「和魂（和心）」が違うところである。モンゴル語科出身の司馬遼太郎のモンゴルへの情と心は彼の『モンゴル紀行――街道を行く』だけでなく、全著にわたっている。

かつてモンゴルを舞台に、モンゴル人女子の教育に情熱を燃やした日本女性がいた。その名を高塚繁《しげ》という。

司馬遼太郎の『草原の記』は、大モンゴル帝国のオゴタイ・ハーンと、高塚繁の生き方から強い薫陶を受けたツェベクマの２人が主人公である。その本から読み取れる高塚繁の生き様は、あの時代の日本女性の代表として、現代人にとってもじつに感動的だ。

高塚繁が、いつどこで生まれたのかははっきりしない。福岡県八女郡の出身とだけはわかっている。生年は日清戦争後の１８９６年らしい。

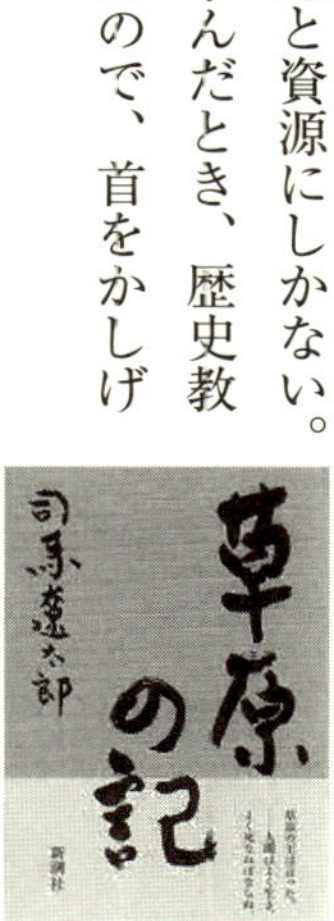

司馬遼太郎著『草原の記』

「女子大出」らしい。当時、女子大としては日本女子大学と東京女子大学の2校しかなく、司馬は調べたが該当者はいなかったようだ。言い伝えでわかっていたのは、「ある将校の未亡人」「夫の名は武雄で、1939年9月にハルビン市赤十字病院で亡くなった」ことだけだった。

　1939年9月に蒙古連合自治政府が張家口《ちょうかこう》に成立し、同月に第2次世界大戦が勃発したというのが、そのときの時代背景であった。繁はモンゴルの少女を対象として私設の日本語学校（高塚学校）をつくり、日本で高等教育を受けさせるための予備教育を目的としていたことだけは知られている（後に、興安省立国民女子高等学校になる）。

　司馬遼太郎が『モンゴル紀行』の取材をしたとき、案内をしてくれたのが、司馬より一つ年上の婦人バルダンギン・ツェベクマだった。17年後の1990年の夏のモンゴル取材のときも、通訳を務めたのもツェベクマだった。その因縁で、彼女が司馬の『草原の記』のモデルとなり、高塚繁の「物語」の語り部となった。

　高塚学校は平家《ひらや》でレンガ造り、住宅兼生徒らの寄宿舎にもなっていた。ツェベクマもハイラルにある、この高塚学校で13歳から2年間「しつ

高塚学校で
モンゴルのための教育を
受けました。
バルダンギン・ツェベクマ

け」を受けたことがあった。「私の人格は高塚学校でおおよそ築かれたのだと思う」と彼女は語っている。

ツェベクマによれば、生徒数ははじめ2、3人だったが、だんだんと増えて、ブリヤート族、バルガ族、ツングース族など女ばかり10名ほどになった。衣類以外はすべて無料、食費まで無料。食事はご飯、豆腐のみそ汁、たくあん、焼き魚などの日本食を供され、日本語と礼儀作法が徹底的に教えられた。ことに敬語にはとても厳しかったようだ。それ以外にも、算数、音楽、地理、歴史、『さくら、さくら』の唱歌から軍歌、裁縫まで学んだ。

そこで受けた教育は、もちろん日本のためではなく「モンゴルのため」「祖国の発展に尽す人間になるため」だったと、ツェベクマは自著『星の草原に帰らん』に記している。

敗戦のとき、繁は1945年8月18日にハイラルとチチハルの間にあるハクトという町の郊外で住民に殺された。同僚の教師田中長子《ながこ》は銃創を受けただけだったが、繁は頭に弾を受けて即死した。田中が翌年帰国し、遺品の鏡と櫛《くし》を繁の実兄に渡している。

あの時代の日本人は、大アジア主義者たちにかぎらず、「アジアの覚醒」に「人のため、世のため」を思うのは、まさしく時代の精神そのものといえる。それは、日本人古来の「思いやり」や「布施《ふせ》」の心と情が一挙に「爆発」した時代ではなかったかと、私はあの時代の日本人の生き様に触れるたびに感動を覚えざるをえない。

大アジア主義者にかぎらないというのは、医師、教師、技師から軍人、警察にいたるまで、モンゴルの草原から東南アジアの熱帯雨林にいたるまで、他の国のために生涯を捧げた日本人が数え切れないほど多かったからだ。

彼らが播《ま》いた種は「同化」や「華化」ではなく、「独立」「自尊」であった。それが今日のアジアをつくったのだ。

「山田先生は高尚な医療倫理と優れた技術をもって中国人民の革命戦争に大きく貢献した」

郭光（元軍病院院長）

中国の「日本住血吸虫症」を発見し根絶する

なぜ日本が19世紀中葉に、非西洋文明圏の中で先んじて近代化を達成できたかということは、ここ１００年来論じられ続けてきた最大のテーマの一つで、日本モデルはいわば近代社会改革のモデルとなっている。

20世紀以前の東アジアの国々では洪水や旱魃《かんばつ》が頻繁に起こり、戦乱が絶えず、匪賊《ひぞく》（盗賊）社会だった。世界一清潔な国日本をのぞいて、ほとんどの国では医療衛生環境が極悪だった。ことに中国では昔から水害の後は必ず疫病が流行《はや》り、宋、元、明など歴代王朝が滅びたのはたいてい疫病（瘟疫《おんえき》）の大流行が原因だった。主に天然痘、コレラ、ペストが多かった。

世界の疫病史から見ても、ユーラシア大陸にかぎらず、日本や新大陸の疫病感染はたいてい中国の「唐船《とうせん》」が伝えたものが多い。中世ヨーロッパの「黒死病」だけでなく、インフルエンザなどの疫病の世界への感染はほとんど中国からであることは、「常識」として知られている。２００２年のＳＡＲＳ《サーズ》（重症急性呼吸器症候群）もその一例である。

中国における疫病流行による病死者の記録を見ると、戦争や内乱による死者の数十倍かそれ以上である。王朝滅亡の原因がそこにあるのは、納得ができる。儒教思想の天下存亡についての考えは「徳」が基因とされている。だから「仁義道徳」を数千年来語りつくしても、中華世界は医療や環境衛生を語ることがない国だったのである。

日本が世界一清潔な国になったのは、森と水に恵まれた自然環境が生み育てた原始神道の「禊祓《みそぎはらえ》」の思想と信仰によるところが大きい。

アジアの近代化に際し、開国維新後の日本の「進出」は大きく貢献した。私はよくそれを日本文明の波、すなわち「文明開化、殖産興業」の波の拡散としてとらえ、近代アジアの再生は東アジアから広がっていくとみなしている。

日本人の海外「進出」によって、台湾、朝鮮、満州をはじめ、さらには中国大陸全域においても、いかにしてその生存環境に絶対不可欠な衛生環境が改善していったか。このことは、じつに日本の「進出」や「侵略」以上に注目すべき視点の一つだ。

中国の医療衛生環境が劣悪なのは、決して昔の話ではなく、今でもそれほど大きな変化はない。たとえばB型肝炎のキャリアについて、WHO（世界保健機関）の公式数字では1億人だったが、2000年代に入ると、7億人以上との修正数字も出ている。

保菌者は主に揚子江流域の住民であり、中国の水問題を解決するための最大のプロジェクト「南水北調計画《なんすいほくちょう》」の不安要素となっている。南の揚子江の水を北にある水不足の黄河に給水するというこの工事計画も、B型肝炎が黄河流域に拡散するのを恐れた住民などから反対の声も上がっている。肺結核のキャリアは５億人以上、寄生虫感染率は20パーセント以上……世界各地の衛生機関が挙げる数字を見るかぎり、この国では日常的に30種以上の伝染病が流行している。

世界的疫病拡散の地である中国は、近現代になってから疫病研究の「実地研修」の地として、西洋の伝道師、伝道医の強い関心を集めた。西洋だけでなく、開国維新後の日本人の医師も租界に病院をつくり、さらに奥へ奥へと入っていった。瘴癘《しょうれい》の地台湾、朝鮮、満州へと。

日本の軍隊には、昔から従軍僧侶や野戦病院の従軍看護婦や軍医がいる。一方、中国には古代から軍医は存在しなかった。それは伝統・文化の違いからくるものである。中国では、戦傷兵は、死んだ敵兵の胆嚢《たんのう》から絞った胆汁を傷口に塗って治療した。この漢方療法については、李時珍《りじちん》の『本草綱目』の「人之部」に記述がある。日本人軍医は日清、日露戦争後から中国内戦中にも軍医として活動した。漢方医がいくら「東洋の神秘」だと礼賛《らいさん》されても、毛沢東をはじめとする中国の国家指導者たちは、漢方医よりも西洋人や日本人の西洋医を頼っていた。

日本人医師の中で、中華人民共和国の時代に「伝染病退治の恩人」として知られているのが、山田辰一《やまだしんいち》医師である。

山田辰一は１９１２年、満州ハルビンの皮革商の子として生まれた。満州医科大学在学中に陸軍軍医学校で実習を受け、45年に卒業した後、軍医としてソビエト国境に近い関東軍ハイラル第1陸軍病院に勤務した。チチハル陸軍病院にもよく出張し、終戦を迎えたときは軍医中尉であった。

ソ連軍が満州を占領した後、国民党と共産党の両軍が満州の争奪戦を展開。46年の春に八路軍から改編された東北民主連合軍がチチハルなど大都市にも入り、山田軍医も残留日本人医師として「留用《りゅうよう》」されるようになった。国共内戦中は日本人軍人、技術者、学者をめぐる「留用」合戦となっていたのである。

山田医師は奥地の洮河《とうが》にある軍病院に留用された。ハルビンにいる父母が帰国した後も留用され、1948年末に、国共内戦の激化にともない、林彪《りんぴょう》率いる第4野戦軍の従軍医として満州から天津《てんしん》、鄭州《ていしゅう》を経て南下し、国民党軍の敗退につれて、南方戦線を転戦し続けた。国共内戦再燃後に日本軍人と技術者が両軍に引き入れられたが、共産党軍側に引き込まれたのは、山田軍医など8000人から1万人にも上ると推計されている。

南下の途中、山田医師は武漢《ぶかん》で開設された外来診療所に一時勤務した。猛暑が続き、大半が北方出身の兵士たちはマラリアを患い、戦闘力を失った。キニーネやアクリナミン、ヒノラミンなどを投与して一時的に体力が回復したように見えても、1カ月半後にまた高熱を出して再発するのだった。

山田医師は臨床検査で患者の白血球の中に「好酸球《こうさんきゅう》細胞」の増加を発見したため、寄生虫による「急性日本住血吸虫症」ではないかと疑った。患者の便から虫の卵が発見され、やがて一連の観察と臨床実験により、マラリアではなく「日本住血吸虫」だと病因を突き止めた。「日本住血吸虫症」という伝染病は、昔から東アジアに広く発生していた寄生虫病で、決して日本伝来のものではない。明治時代の１９０４年に日本人医師・桂田富士郎がその伝染経路などを世界で最初に発見したから、学名として「日本住血吸虫症」という名がついたのだと、山田医師はその後の講演会で語っている。実際、１９７５年に湖北省沙市《さし》郊外で発見された２０００年前の男性ミイラからも「日本住血吸虫の卵」が検出されている。

山田医師は、「日本住血吸虫症」の感染対策に心血を注ぎ、第４野戦軍においては感染を回避できた。一方、国共上海攻防戦の際、第３野戦軍で大流行し、20万人以上の患者が出ている。毛沢東は１９５８年７月１日、「日本住血吸虫症がもたらした被害は、かつて中国を侵略した帝国主義国のものよりひどかった」と述べた。このため、党を挙げて日本住血吸虫症の予防に努めた。もちろん、山田の研究成果が活用されたことは言うまでもない。

中華人民共和国樹立後、「日本住血吸虫症」の根絶に力を入れ、今ではほぼ根絶しているといわれる。

「山田先生は高尚な医療倫理と優れた技術をもって中国人民の革命戦争に大きく貢献した」と、元軍病院院長だった郭光《かくこう》は『山田への書簡』（１９８７年）の中に書いている。

「1946年にベチューン医大に入院したとき、稗田医師の治療を受けました。私も子どももその恩を忘れることはできません」

胡耀邦（中国共産党総書記）

台湾、朝鮮、中国に近代病院を建て、医学の基礎を築く

開国維新後、日本の「文明開化・殖産興業」の波は、「海外雄飛」のかけ声のもと、海島から半島、そして大陸へと押し寄せていった。台湾、朝鮮、満州だけでなく、中国にも数多くの近代病院が日本人によって建設された。日本軍が進出したところでは、すべての疫病が消えてしまったという話は決して大げさではない。

中国近代化への支援は、決して戦後のODA（政府開発援助）からではない。すでに清国末期からはじまっている。日清戦争後に清国の戊《ぼ》戌《じゅつ》維新や立憲運動は、日本の明治維新をモデルに行われたのはよく知られているが、日本への清国留学生の最盛期は日露戦争の直後で、年に1万から数万人にも上ると推測されている。軍事から医学にいたるまで、あらゆる分野にわたっている。

日本の有識者の間で、北清事変の直後、1901年に東亜同文会の近《この》衛《え》篤麿《あつまろ》会長が中心となり北里柴三郎、岸田吟香《ぎんこう》なども協力して東亜同文

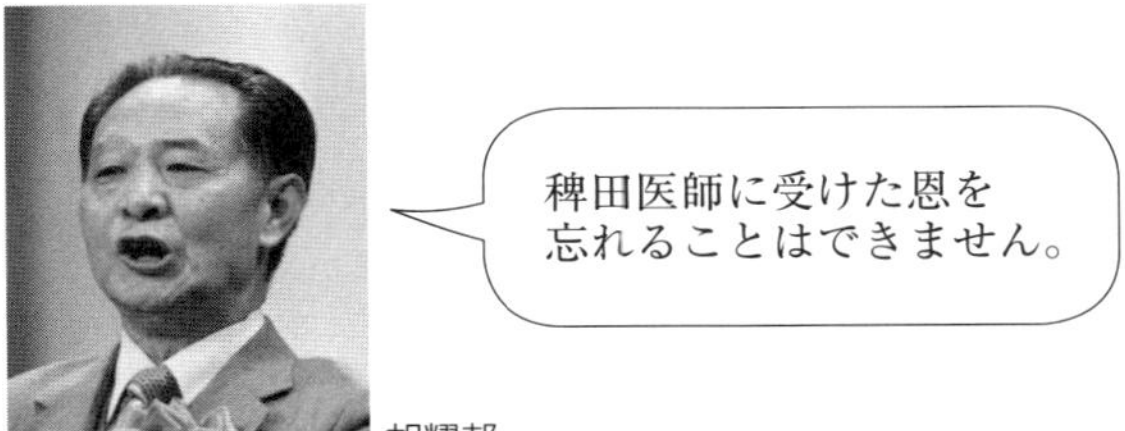
稗田医師に受けた恩を
忘れることはできません。
胡耀邦

医会が発足した。翌年、同会は規模を拡大し、北里らの主導で同仁会を成立させた。その目的は病院開設、最新医療の提供、医学校設置と医療人材の育成のほかに、医療衛生に関する調査や留学生の勧誘、医学・薬学に関する図書の発行を主要事業とした。初代会長には旧熊本藩主細川斉護《なりもり》の六男で東亜同文会副会長の長岡護美《もりよし》が、第2代には大隈重信が就任している。

当初の主要目的である病院の開設事業は日露戦争の勃発で停滞したものの、300人以上の医師を中国、朝鮮、そしてタイや南洋諸島にまで派遣している。

日露戦争後は事業も本格化し、まずは朝鮮や南満州の各地に同仁会病院を開設した。また国内でも東京同仁医薬学校を設立し、もっぱら中国人留学生を受け入れている。

その後、満州での事業は満鉄に、朝鮮での事業は朝鮮総督府に譲って、中国における民衆の治療に当たる方針を打ち出し、1914年、北京に日華同仁医院を開設し、その後拡充を重ねている。また済南《さいなん》（15年）、青島《チンタオ》（15年）、漢口《かんこう》（23年）にも同仁医院を設置した。21年には上海に大規模病院の建設を計画していたが、敷地の購入を終えたものの実現は見なかった。

漢口同仁医院は24年、中国人患者収容のため分院を設置したが、揚子江の氾濫や北伐戦争のため一時閉鎖を余儀なくされ、27年に英国租界に移転したものの、排日運動を受け再び閉鎖した。本院は31年の揚子江の大洪水に際して診療船を用いるなど、防疫、治療作業で大活躍している。しかし、その後の支那事変で焼失するなどの苦難に見舞われ続けた。

いずれにしても同仁会は、日本の先進医学の面目のため、一貫して設備の充実に努め、誠心誠意中国医療に尽くしたので、人々からは大きな信頼を受けていたのである。

北京の同仁医院の場合、開設から21年目の１９３４年の時点で、約１８３万人にも達する中国人患者（日本人や外国人を含めると３４５万人）を治療している。

同仁会ではその他、漢文誌『同人会医学雑誌』（後に『同仁医学』と改題）を発行し、最新医学情報や学説を紹介した。日本の医学書の翻訳事業も行うなど、中国医学界に大きく貢献している。

これらの事業は主に国庫補助金（対支文化事業特別会計）、寄付金、事業収入などで行われていた。同仁会のほかには日中合弁の博愛会が、華南で医療活動を推進した。同会は台湾籍民や中国人のため、福建省の厦門（17年）、福州（19年）、広州（19年）、そして汕頭《スワトウ》（24年）で博愛会病院を経営していた。

清国留学生が日本において近代文化の摂取に努め、近代中国の振興に役立ってきたことは、拙著『近代中国は日本がつくった』（光文社、ＷＡＣ）ですでに詳しく触れているが、医学においてももちろん例外ではない。日清間では日本の帝大や医専（医学専門学校）による留学生の受け入れが取り決められ、多くの中国青年が医学を学んできた。

これら留学生が帰国後に行ったことは、日本の医事制度にならった医学校の新設である。辛亥革命以降に開設された浙江《せっこう》（杭州）、南通、北平、江蘇《こうそ》（江蘇）、江西《こうせい》（南昌）、南洋（上海）、東南（上海）、光華（広東）などの諸医学校はその結果だ。支那事変開始の時点ですでに設立されていた北京大学医学校、中山大学医学院、河南、河北、江西、南通、東南などの諸医学院には日本で就学した学生が多く勤務していた。当時の全中国における医専、医学校の教員９０１名中、日本留学組は１０６名を占めていた。

また留学出身者は、日本語の医学書の翻訳でも活躍し、丁福保《ていふくほ》という医師は１９１２年以来五十数点を翻訳し、以降の中国人の研究に貢献している。

日本が台湾で設立した最高の高等専門学校は師範学校と医学校で、この２校から多くの人材が育っている。満州国時代に満州で活躍していた５０００人の台湾人は医師と技術者が中心だった。流民がほとんどの朝鮮人と中国人移民とはそこが違う。

稗田憲太郎《ひえだけんたろう》医師は中国で数多く活躍していた日本人医師の一人である。稗田医師の出身校は、１９１１年に設立された南満医学堂（後の満州医科大学）で、満鉄が設立した医科大学である。稗田医師は卒業後、九州

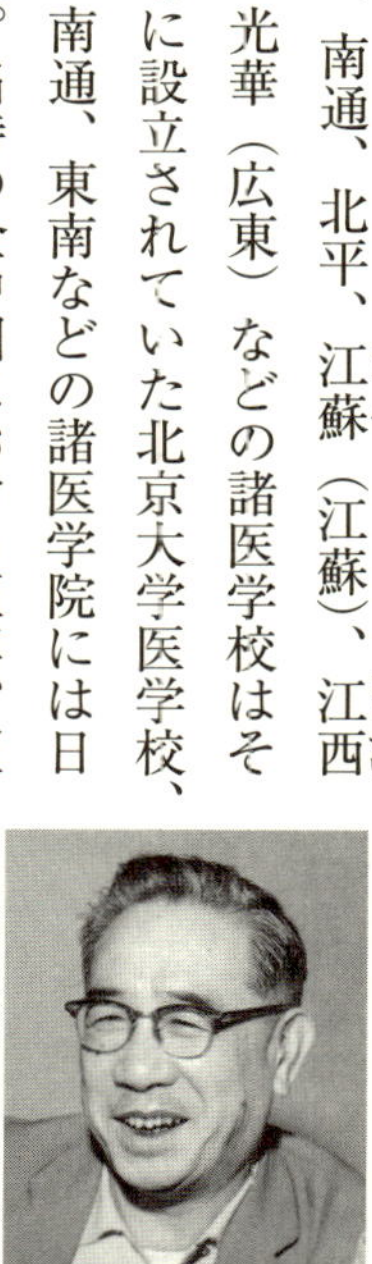
稗田憲太郎

帝大、慶応大だけでなくアメリカのジョンズ・ホプキンス大学にも留学し、29年に母校に戻り助教授から教授に進み、多くの医学生を育てた。

戦争末期、稗田医師が新設の「張家口中央医学院」の院長として配属されてから、わずか３カ月後、そこで終戦を迎えた。稗田医師は国共双方の「留用」争奪戦の人材となり、共産党軍に採用された。

八路軍が「張家口中央医学院」を接収した後、やがて「ベチューン（白求恩）医科大学」と改称した。中国共産党史の中では、白求恩《ベチューン》とは、日中戦争中にアメリカ共産党が八路軍支援のために送ってきたカナダの外科医の名前で、毛沢東のお気に入りとして知られ、感染症に冒《おか》されて急死したために、その名を冠した記念病院がつくられたのである。

稗田医師は張家口中央医学院の院長以外に、同病理学研究室主任、解放区、軍区衛生部の顧問も兼任し、ベチューン医科大学創設の中心人物となった。専門は病理学、寄生虫学、細胞組織学、解剖学などである。中華人民共和国時代以後も多くの医学人材を育てている。

国共内戦中に、１００万人単位の会戦が続く一方、マラリヤをはじめ、さまざまな疫病が中華の大地を襲い続けた。ことにマラリヤの大流行の最中に稗田医師は毎朝自ら汚染水源にＤＤＴを散布して、ボウフラ退治に努めたという。

稗田は土地の人間からも共産党政治部の同志からも、マラリアを撲滅《ぼくめつ》してくれたと感謝されている。

ある日、学生の代表がやってきて、「今日は先生の誕生日です。全校学生が先生の誕生日を祝いたいと集まっています」と言うので、ついていったところ、会場には樹の枝でつくった「寿」という文字がかけてあるだけだったが、学生たちが彼のためにつくった歌を輪になって合唱してくれ、稗田はいたく感激したという（『新中国に貢献した日本人たち』日本僑報社）。

前述したように、中華人民共和国成立の初期には南方で日本住血吸虫病が猛威をふるっていた。北京政府はソ連の専門家まで動員して対策に乗り出した。稗田も第４次調査団の団長として太湖《たいこ》地域で実地調査を行った。

１９５３年に稗田医師は帰国して、60年まで九州にある久留米大学で教鞭をとり、医学部長を務め、連続2期日本学術院会員にも選ばれた。定年後、肝硬変の研究と治療のために「久留米組織再生研究所」を創立し、理事長を務めた。晩年は故郷の壱岐《いき》島で過ごし、71年にこの世を去った。

１９８４年11月、胡耀邦《こようほう》総書記の訪日を前にして、秘書から「東京の中国大使館に訪日の際、ぜひ昔日に治療してくれた恩人の日本人医師稗田憲太郎さんに会いたい」との連絡が入った。だが、大使館の職員は誰一人として稗田医師を知らなかった。

調べてみたところ、すでに十数年前にこの世を去っていたことがわかった。訪日した胡耀邦は、中国大使館でレセプションが開かれる前に応接間で稗田夫人と二人の娘、娘婿と会っている。そのとき「１９４６年にベチューン医大病院に入院したとき、稗田医師の治療を受けました。私も子どももその恩を忘れることはできません」と語っている。

稗田については、近年になって中国政府や中国人学者から、よく「日中友好」とか、「解放軍に傾倒」などと礼賛され続け、政治的我田引水の讃辞が多い。中国政府のプロパガンダの立場からすれば、それも当然だっただろう。

じつは私も若干縁があって、戦前の久留米医専出身者が経営する製薬会社に資料調査室長としてずいぶん世話してもらったことがあった。その会社は稗田医師の組織再生理論に基づいて、胎盤製剤の実用化に取り組み、数十年悪戦苦闘の末やっと厚生省に認定され、いまや一大薬品市場をものにしている。

稗田が先鞭をつけた「組織再生」の分野では、すでに数百名の医学博士が世に送り出されている。稗田憲太郎は「日中友好」や「解放軍礼賛」の学者ではなく、もっと全人類に目を向けた病理学者だったのである。

「根本さんは、ただ私たちと一緒に『死のうとしてくれた』のだと思います。そういう日本人が現実に存在したこと、そのことを今の台湾の若い人に是非知って欲しいと思います。日本の若い人もそうですが、こういう日本人がいたことを台湾人は忘れてはならないと思います」

国民党の党史編纂にかかわった教授

台湾で「戦神」と呼ばれている日本人

辛亥《しんがい》革命後、清帝国が崩壊し、皇帝がいなくなった中国はたちまち内戦と多政府の時代に突入してしまった。中華民国が崩壊するまでに、軍閥内戦、国民党内戦と国共内戦、そして政府の対立、鼎立《ていりつ》、乱立が起こった。中国五千年史から見て、中華民国の時代ほど中華世界がカオス状態に陥ったことはない。

たとえば、「8年抗戦」といわれる「日中戦争」は、盧溝橋《ろこうきょう》事変から武漢陥落にいたるまでの約1年あまりで本格的戦争はすでに終わっている。それ以後の歴史の主流は、汪兆銘の南京政府、蔣介石の重慶政府、毛沢東の延安政府との間の三《み》つ巴《どもえ》の内戦に歴史の主流が移っていく。そして、戦後、日本と南京政府が歴史の舞台から消え、中国だけでなく、朝鮮、ベトナム、世界各地で米ソの代理戦争の嵐が吹き荒《すさ》び、やがて冷戦の時代へと入っていく。

私は小学5年生から、学校で教えられている歴史と、叔母の本屋で店番をしていたときに読んだものとが、ずいぶん違うとよく首を傾《かし》げていたものである。以後、手に入る史書をことごとく読み漁《あさ》っていき、高校生のころには学校では嘘の歴史しか教えないということを知った。以来60年にわたって歴史の謎や嘘の解明を志《こころざ》した。よく知られているとおり、中国では勝者のみが歴史を創作し、敗者はおとなしく歴史を学ぶ掟《おきて》がある。だから、中国では同じフィクションでも「大説」の歴史よりも小説が好まれる。歴史書の『三国志』よりも小説の『三国志演義』のほうが広く読まれる。毛沢東も『三国志演義』を繰り返して何度も読んだと自ら語っている。

中国の歴史書には、タブーとして決して書かれないことが数多くある。たとえば、国共内戦の最後の戦いで、その後の大勢を決めることになった「古寧頭《こねいとう》の戦い」の裏に活躍した日本人がいたことなどは、決して語られることがない史実である。

日中戦争が終わりを告げると、中国は国共内戦に本格的に突入することとなった。終戦当時の兵力を見ると、蔣介石率いる国民党軍が430万人、毛沢東率いる共産党軍が120万人で、国民党軍が圧倒的な数だった。しかし、内戦が進むうちに形勢は逆転した。4年間にわたる内戦で、国民党軍はアメリカからたびたび軍事的、経済的な支援を受けたにもかかわらず、ほとんど連戦連敗で、1949年10月1日には、毛沢東が天安門に上り、中華人民共和国の成立を宣言してしまった。毛沢東は国民党軍800万人を殲滅《せんめつ》したと誇らしげに語った。

このとき、蔣介石の手に残ったのは、南方のいくつかの都市と沿海の島々だけだった。同月、共産党軍は総力を挙げて国民党軍を追撃し、台湾に迫ろうとした。まず厦門《アモイ》を占領し、1個軍団の兵力で金門島《きんもんとう》の古寧頭に進撃した。

ところが、厦門の対岸にある金門島の戦争で、共産党軍が全滅したのだった。国民党軍が内戦で勝ったのは、この最後の一戦のみだったが、この一戦は戦後の世界史の大勢を決めたといえる一戦だった。

　この「古寧頭の戦い」を指揮して、共産党軍を撃破し、現在の台湾の自主独立に寄与したといわれているのが、根本博《ねもとひろし》という元日本陸軍の軍人である。

　この国共内戦史の最後の天王山の謎に、週刊誌編集長出身の作家門田《かどた》隆将《りゅうしょう》氏が十数年の歳月をかけて挑《いど》んで、２０１０年にその心血の結晶である『この命、義に捧ぐ』（集英社）という著書を世に問い、山本七平賞を受賞した。もちろん、この本が話題になった後、台湾のメディアでは、古寧頭の戦いの内面史（真実）を否定する動きが多々あるものの、史実は嘘よりも強いものだ。

　では、『この命、義に捧ぐ』の主人公の根本博中将とはいったいどういう人物で、どのように歴史の流れを変えたのだろうか。

　１９４９年10月25日の午前２時、共産党軍は１個軍団の兵力で金門島の古寧頭に上陸作戦を強行した。それを迎え撃つ湯恩伯《とうおんはく》将軍の作戦参謀

根本博

についていたのが、根本博だった。

共産党軍は100隻のジャンクをつらね、3万3000の兵力を投入して敵前上陸を敢行した。その当時の共産党軍といえば、百戦百勝で勢いづき「世界革命、人類解放」の理想に燃えて突撃してきた。決死で上陸する共産党軍に正面からぶつかると犠牲が大きくなると判断した根本は、石油とマッチを装備した奇襲部隊を潜ませておくと、共産党軍が全員上陸するのを待って、上陸船を焼き、退路を断ってしまった。こうして初日の包囲戦で半数を殲滅し、残りを島の一角に追いつめ、海上からの艦砲射撃と陸上からの挟撃で全滅させた。これが「古寧頭の大勝利」といわれている一戦である。

金門島における戦略とその経過を見ると、日本の戦国時代の後期、1555年に毛利元就《もとなり》が陶晴賢《すえはるかた》を討った「厳島《いつくしま》の戦い」と似ている状況がある。根本の作戦はこの戦史からヒントを得ているのではあるまいか。

共産党軍にとっては国共内戦以来、はじめて喫した大敗だった。この一戦により、台湾海峡をはさんで共産党と国民党のにらみ合いが続き、朝鮮戦争を経て、中国と台湾とのパワー・オブ・バランスの関係が保たれるようになったのである。

根本博はなぜ金門島の戦争で湯恩伯将軍の参謀になったのだろうか。それには昔からの因縁《いんねん》があった。根本博は1891年6月6日福島県生まれで、明治維新当時は父親とともに朝敵の汚名をきせられた士族であった。

１９２２年に陸軍大学を卒業後、第27連隊中隊長（大尉）となり、24年から陸軍参謀本部の支那班に所属し、駐南京領事館付駐在武官当時の27年には、蔣介石の率いる北伐軍が南京の領事館を襲撃した南京事件で九死に一生を得る。蔣介石とはこのときはじめて出会っている。支那事変後に再び北支に派遣されて、41年に中将に昇進した。44年に第３軍司令官、その後、駐蒙軍司令官、北支那方面軍司令官に任命される。

終戦のとき、満州の関東軍はソ連軍に壊滅的な打撃を加えられたが、北支派遣軍はほとんど無傷で、南下するソ連軍をくい止め、北京を守った。蔣介石はすぐに北京に飛び、根本中将に国民党と協力して共産党軍と戦ってくれるよう支援を要請した。しかし、根本は、自分個人は協力したいが、天皇の軍隊を私兵として使うことはできないとして断って帰国した。

そのとき、蔣介石は根本にこう言ったといわれている。

「今でも私は東亜の平和は日本と手を取り合っていく以外にないと考えている。しかし日本は思い上がっていた。だが、これからは対等の関係になるだろう。貴下は至急帰国して日本再建のために努力されるとよい」（『白団《パイダン》』物語』「白団」の記録を保存する会）

４年後、国共内戦は最後の山場を迎えようとしていた。すっかり敗色が濃くなった国民党軍の蔣介石は、密使を根本邸へ送り協力を求めた。根本はついに決意を固めると、腹心の中国通の松尾清秀に後事を託し、吉村虎雄《とらお》を連れ、蔣介石のもとへ向かった。釣りに行く姿で自宅を出た後、宮崎県日向市の細島港から37トンの小さな漁船に乗り、台湾を目指した。沖縄で台風に見舞われ漁船は座礁し、結局アメリカ軍に基隆《キールン》港まで送られた。しかし、基隆では密航者とされて監禁されてしまった。

2カ月ほど経ったころ、この話が蔣介石の耳に入り、張群《ちょうぐん》が確認しにやってきた。見れば間違いなく根本本人だった。蔣介石は非常に喜び、湯恩伯の第5軍管区司令部に迎え入れ、国防部より陸軍中将に任命させた。根本の名前はこのとき「林保源」と改められた。国民党軍中将、林保源の誕生である。

その後金門島での戦いにおける活躍は、すでに述べた通りである。根本の帰国後も、金門島をめぐっては激しい戦闘が起きたが、台湾側が共産党軍の攻撃を凌《しの》いだ。こうして今日にいたる台湾の自主独立が確定したのである。

こうした「古寧頭の戦い」の真実は、すべて闇に葬られていたのだ。それを掘り起こしたのが、門田隆将氏の『この命、義に捧ぐ』である。金門島の古老に話を聞いたり、アメリカに保管されている蔣介石の資料を丹念に探った結果、わかったことである。

金門島には「古寧頭戦史館」が建設され、戦いの記録は残っているものの、その後に起こった国民党内の政争で、その資料からは湯恩伯将軍の存在さえ消されている。旧日本軍人であった根本博の名前がないのも当然だ。

『この命、義に捧ぐ』には、次のように書かれている。

「古寧頭村で村の老人たちにさまざまな話を聞くうちに、その日本人が〝戦神〟と呼ばれていたことも知りました」

また、国民党の党史編纂にかかわった教授に取材したとき、彼は次のように訴えたという。

「根本さんは、ただ私たちと一緒に『死のうとしてくれた』のだと思います。そういう日本人が現実に存在したこと、そのことを今の台湾の若い人に是非知って欲しいと思います。日本の若い人もそうですが、こういう日本人がいたことを台湾人は忘れてはならないと思います」

根本は１９５２年6月に帰国した。出かけたときと同じ釣り姿だったという。「古寧頭の戦い」を勝利に導いたことなどひと言も語らずに、66年、静かにこの世を去った。74歳だった。

「日本人はそのすべてが実直、信頼できるといっても言い過ぎではない」

蔣介石

国民党軍を再建した「白団」の将校たち

中国の文化人はよく「日本文化は中国文化の亜流（朝鮮）のまた亜流」とする。これに対して、一部をのぞき、戦後日本の進歩的文化人をはじめ戦後育ちの大部分の日本人はうなずくに違いない。

韓国の文化人は「日本人の99パーセントは韓国から渡ってきた」と主張し、中国文化人は「日本人は中国人の呉伯《ごはく》や徐福《じょふく》の子孫」「弥生人は中国人だ。中国人は先進的な技術を持ってきて、日本国をつくった」と主張し、それがそれぞれの国の「常識」となっている。

だが、私は半世紀近くにわたり収集した史料に基づいて、『韓国は日本人がつくった』（徳間書店、ＷＡＣ）や『近代中国は日本がつくった』（光文社、ＷＡＣ）という書籍を刊行した。近代中国や韓国の生い育ちは日本のおかげだと断言してはばからない。

少なくとも東アジアの近代軍隊の揺りかごは、昔日の日本陸軍士官学校だった。

日本仏教の主流は天台宗から出発して、浄土宗、浄土真宗、臨済宗、曹洞宗、日蓮法華宗に受け継がれて、高僧を輩出している。だから天台宗は日本仏教の「淵叢《えんそう》（集まるところ）」といわれる。同じように、日本陸士（陸軍士官学校）も東亜近代軍人の「淵叢」といえる。近代中韓軍のリーダーもたいてい日本陸士の出身者だった。

たとえば近代中国最高の軍政界実力者蔣介石は、日本留学はしたものの、憧れの日本陸士に入れなかった。そこで日本陸士6期出身だと学歴を詐称《さしょう》した。いくら同期の中国人から「そういう人はいなかった」と「嘘」をあばかれても、国民に対して死ぬまで嘘を押し通した。

中国近現代史を見るかぎり、中華民国建国当時の南京臨時政府や北京政府の閣僚だけでなく、中国共産党の創立大会までも、そのリーダーや重鎮の半数前後が日本留学経験者という史実を検証すれば、「近代中国は日本人がつくった」という語り草は決して過言ではない。

ことに中国史は全史を通じて、「軍」なしには語れない「一治一乱」の歴史である。大清帝国をつくったのは天下無敵の「八旗軍《はっき》」だった。清帝国の盛期を過ぎると、八旗軍も漢人歩兵部隊の「緑営《りょくえい》」も衰退し、太平天国の乱以後、民兵にあたる「団練《だんれん》」が台頭し、それが軍閥や清朝の北洋軍として転化したものの、兵力を決定する火力と速力の変化により、旧式な清国軍は、近代戦を戦える戦力を失い、代わりに台頭したのが「新軍《しんぐん》」といわれる近代軍であった。

日清・日露戦争後、日本軍は、清国から中華民国にいたるまで、中国軍のモデルとなった。辛亥革命も軍閥内戦も国民党内戦も国共内戦も、中国軍の背後に日本の軍事顧問団をはじめ、コミンテルン系、ドイツ参謀本部、アメリカ軍事顧問団などが中国近代軍の参謀役を果たしてきた。

日本軍の強さをもっとも知っているのが統帥の蔣介石だった。だから国共内戦で、すでに戦えなくなった国民党軍の再建をはかるためには、かつての死敵である日本軍に頼るしかないと覚悟した。

中支派遣軍司令官松井石根《いわね》大将は、戦後の極東国際軍事裁判（東京裁判）で7人のA級戦犯の一人として死刑判決を受け、処刑された。しかし、南京の裁判で支那派遣軍総司令官の岡村寧次《やすじ》大将は、無罪判決となったのである。この二人に下された正反対の判決を見ると、自分の力ではどうにもならない運命というものが存在するのを否定することはできなくなる。

司馬遷の『史記』では人の生き様をよく運や天命のものとして語られており、しばしば天の不公平を嘆いたりしている。このように松井と岡村の運命を分けたのは何だったのだろうか。

岡村総司令官は、終戦当時、連合国軍中国戦域の総責任者である中国軍総司令官の蔣介石に対し無条件降伏し、「戦犯第1号」として残留していた。東京裁判以外に南京でも裁判が行われ、多くの者が戦犯として処刑された。汪精衛《おうせいえい》（汪兆銘《おうちょうめい》）ら南京政府の関係者も「漢奸《かんかん》」として処刑された。

ところが岡村総司令官は南京裁判で、最初の「侵略者」の判定が一転して「功労者」となり、1948年7月、「岡村寧次審判に関する会議」の最終審でついに無罪の判定がなされた。

なぜ岡村は無罪になったのか。早い話が「昨日の敵は今日の友」ということだ。

その当時、共産党軍が作成した日本人戦犯名簿には約2万人の名前が載っていたが、岡村寧次はその第1番目に記載されていた。南京での裁判は進行していたが、日本の敗戦に続いてすぐ国共内戦がはじまり、蔣介石が率いる国民党軍はみるみる不利な戦局に陥った。ここではどうしても強い味方が必要になってくる。

そのとき蔣介右の腹心、湯恩伯将軍が岡村を戦後処理の功労者として無罪にすることを進言した。蔣介石がそれに同意すると、曹士徵《そうしちょう》（日本陸士第43期歩兵）将軍が最終審の合同会議の場で、司法部、外交部、軍法処などの代表を目の前にし、死刑や無期懲役の要求を無視し「無罪」を主張したのである。会場は騒然となった。曹将軍が掲げた「無罪」の理由は次の4点だった。

（1）岡村が中国でとった作戦は、大本営の命令によるものだった

（2）岡村は部下に虐殺の命令を出しておらず、逆にむやみに殺人を行うなと命じていた

（3）岡村には直接中国人を殺害した事実がない。またそれを告発した者もいない

（4）戦後、岡村はよく中央政府（中国）の命令に従い、政府軍が接収に来る前に治安と交通の維持に努め、武器は中共軍に渡すことなく、日本軍としての戦後処理工作に功労があった

曹将軍は、反共だった岡村大将を死刑にすることは中共を助けることになる、だから釈放し

て日本に帰すべきであると主張した。この説明に出席者全員が納得した。１９４９年1月28日の三審で無罪が確定すると、湯将軍自ら護送に当たり、上海から船で日本に送還された。

中共側は、李宗仁《りそうじん》総統代理の名義で南京の国防部に打電し、岡村を北京へ連行し、再審を行うよう強く要求してきた。それに対し湯将軍は「すでに日本へ帰した」とそっけない返電をした。共産党軍はその後も日本の中華民国大使館やＧＨＱに岡村の身柄引き渡しを要求したが、結局それは取り上げられなかった。

国共内戦の結果は国民党軍の完敗だった。蔣介石は政府高官から難民まで、陸海空3軍の敗残兵60万人を含める総勢２００万人に近い人間を引き連れ、台湾に逃げてきた。中国歴代王朝の交代期にいつも見られる民族大移動である。

蔣介石には大きな悩みが二つあった。一つは部下の忠誠心である。蔣介石が惨敗した原因は、政府高官による汚職だった。腐敗のあまりのひどさに人民に見捨てられたのである。しかし、汚職は古来から中国にあるもので、伝統文化といっても過言ではない。汚職だけが敗因なのではなく、もっとも忠実と思っていた部下が次々と共産党軍に寝返ったことが大きかった。

もう一つの悩みは軍組織の問題だった。自分の手元に残ったのはまったく戦力にならない敗残兵ばかりである。それをどうやって生かして軍を再建するか。このとき考えたのは日本軍のかつての将校たちだった。

日本の振武学堂《しんぶがくどう》を出て、新潟の高田連隊に入隊し皇軍となった経験のある蔣介石は、その後8年間、規律正しい日本軍と戦ってきて、その強さを知っていた。しかも蔣介石は「日本人はそのすべてが実直、信頼できるといっても言い過ぎではない」と語っている。この際、日本の元将校たちに頼ろうと考えたのである。南京裁判で無罪となった岡村寧次元大将に、国民党軍の再建に協力するよう、何度も要請した。

当時、東京国立第一病院にいた岡村元大将は、かつての部下である小笠原清を呼んで協議し、秘密裏に人選を進めた。その結果、富田直亮《なおすけ》元少将をはじめ17名を集め「白団」を組織したのである。「白団」という名称は中共軍の紅軍に対抗してつけられた名称である。富田は白鴻亮と改名し、密かに台湾へ渡った。

筆者はかつて「白団」の中心人物の一人、岩坪博秀《いわつぼひろひで》（終戦当時中佐。別名江秀坪、国民党軍少将）から直接、白団工作について聞いたことがある。それによると白団の訓練は１９５０年5月から正式にはじめられたという。まず、台北大直《タイペイダージー》軍区で円山軍官訓練団を組織し、高・中・下各階級の軍官の訓練を短期間で行い、第2段階として実験部隊を設立し

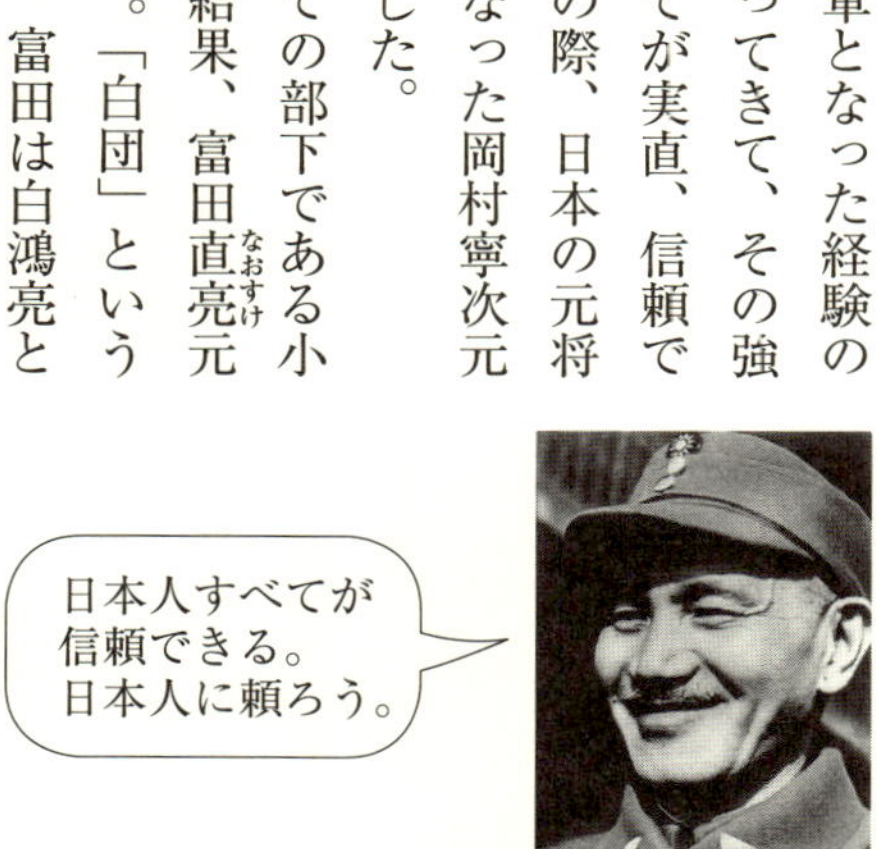

蔣介石

た。これはかつての陸軍第32師団をモデルにし、師団長には張伯亭《ちょうはくてい》少将が任命された。第３段階は陽明山で設立された実践学社である。第４段階は動員幹部訓練班の設立で、各地から軍人、公務員、民間人を集め、訓練を行った。

「白団」は１９４９年、17人でスタートし、51年には80人あまりになり、69年まで存続した。訓練の内容は戦争史から軍事哲学、理論、組織、戦略、戦術にいたるまですべて日本式で、戦勝国のアメリカ軍の方法は採用されなかった。

アメリカ軍顧問団は「白団」による軍事訓練を中止せよと要求したが、蒋介石はそれをきっぱり断り、「白団」は20年のあいだ国民党軍に貢献した。現在の台湾の国民党軍の指導幹部を見ると、すでに第一線を退いている郝伯村《かくはくそん》やすでに故人となった蒋緯国《しょういこく》をはじめ、歴代の陸軍出身の国防部長や参謀長は、ほとんど白団出身者かその後継である。白団は台湾国民党軍の生みの親ともいえる組織なのである。

蒋介石（中央）と白団の主要幹部たち。蒋介石の右側にいるのが富田直亮

「皆さん（日本人教官）は困難な状況にありながら、人民空軍の中核となるパイロット126人と数百名に上る地上技術者を養成してくださった。私たちは必ず皆さんの功績を空軍史に書き留め、子々孫々まで語り伝えます」

彭真（全国人民代表大会常務委員会委員長）

中華人民共和国に空軍を創設する

終戦後、旧日本軍は祖国に引き揚げた復員軍人のほかに、残留部隊が各地に分散しており、その後のアジア史に影響を与えるさまざまな活動を行った。東南アジアでは、インドネシアのように独立戦争に参加した部隊もいた。中国の戦場はさらに複雑だった。共産党軍や国民党軍、さらには地方軍の閻錫山《えんしゃくざん》軍に協力した日本軍人もいた。

日本軍の強さと忠誠心は、すでに日清・北清・日露戦争後に世界から瞠目《どうもく》され、大日本帝国史の申し子として、その名を轟《とどろ》かせていた。

戦力は決して一朝一夕で獲得できるものではない。科学技術や国力もそれを支える条件となっている。たとえば、空母については、日本海軍はすでに80年以上も前に就航させているが、中国では今やっと建造中やら試運航中の段階である。航空機、戦闘機もそうである。第2次世界大戦中に日本はすでに世界最強の「零戦《ゼロせん》」を開発している。当時、アジアで戦闘機を製造できたのは、日本と満州国だけだった。戦後半世紀以上経っても、製造できる国は日本と台湾だけで、中国とインドはやっとライセンス生産やコピーから脱しようとしている段階である。

清国の北洋・南洋艦隊が壊滅した後の中国には、日中戦争のときには揚子江艦隊しか残っていなかった。２０００年前の「赤壁の戦い」の時代における水軍のようなものである。終戦後、日本海軍から４００隻あまりの艦艇を接収したものの、運航できる航海士も砲手も一人もいなかった。イギリス海軍に教官を派遣してくれるよう頼んだが、送ってきたのは商船人員だけだった。蔣介石はやむをえず救いの手を国民党軍の軍事顧問団である「白団」に求めて、旧日本海軍と同様の指導と訓練を頼んだ。

国共双方の空軍創設については、それぞれの戦史博物館に史料を展示しているが、決して正確ではない。ずさんな史料収集と政治的色彩の濃さは、じつに中国らしい。国民党軍は早くから空軍創設に着手していたが、日中戦争中に主力となったのは、アメリカ空軍の退役軍人シェンノートのフライング・タイガースであったことはよく知られる。戦後、シェンノート夫人の陳香梅《ちんこうばい》が蔣介石の４番目の妻宋美齢《そうびれい》の政治的、経済的援助を受けて、中華航空の前身であるＣＡＴという半民間航空会社を創設している。

中国空軍の創設は、中華民国初期の北京政府袁世凱《えんせいがい》大総統の時代にはじまる。反北京政府、革命派が2次革命に失敗し、競って日本に亡命した。孫文は東京で中華革命党（中国国民党の前身）を結成している。革命のスポンサー梅屋庄吉《しょうきち》の資金援助により、パイロット坂本寿一の下、中国人留学生47人に滋賀県で操縦訓練を行った。立憲派の蔡鍔《さいがく》（日本陸士出身）らが雲南起義（挙兵）したとき、孫文一派は蚊帳《かや》の外であったのにもかかわらず、坂本は複葉機を操縦して中国へ飛び、北京政府軍に手製爆弾を投下したという空爆戦も伝えられている。

第１次国共内戦中の紅軍（人民解放軍の前身）には、海軍も空軍もなかった。日中戦争中に、日本政府がドイツのヒトラー政府に抗議して、ドイツ参謀本部の軍事顧問団を中国軍の参謀役から引き揚げさせた後、その空白を埋めたのは、ソ連軍とアメリカ軍の軍事顧問団だった。日中戦争中、ソ連軍は飛行機９８５機を送って支援した。殉職したパイロットも多かったものの、表面的にはスターリンは毛沢東の延安政府を支援しなかった。

当時の中国では、技術力・経済力から見て、中華人民共和国空軍を創設するには、満州においてのみ可能なことだった。満州は中国全土における唯一の重工業の地であり、戦闘機の製造もできた。毛沢東でさえ、「東北さえ手に入れれば、すべての解放区を失っても、社会主義革命は成功する」とまで語っていた。

広島の原爆投下の３日後、地上80個師団、32個飛行師団、自走砲を含む戦車５２５０輛、飛行機５０７１機、総兵力１７５万人のソ連の大軍が満州を急襲し、関東軍は壊滅した。ソ連軍は満州の近代インフラ設備をほとんど持ち去り、それに続いて国共両軍が２次略奪にあたる満州争奪戦を繰り広げた。はじめは国民党軍が優勢だったが、やがて、共産党軍が農村から国民党軍の都市を包囲し、国民党軍は満州から追われた。その後、国民党軍は台湾まで逃げのび、国共内戦史の結末を迎えた。中国共産党の「満州委員会」も東北支局となった。

戦後、国共内戦再燃の口火を切った東北民主連合軍を率いる主役は、司令官の林彪《りんぴょう》、東北局書記彭真《ほうしん》、参謀長伍修権《ごしゅうけん》らであった。

大戦中、日本の航空隊は陸軍と海軍の二つに分かれていた。私の故郷である台湾・高雄州の岡山《こうざん》は当時、海軍航空隊最大の基地だった。フィリピン沖のレイテ海戦へ赴《おもむ》く航空隊は、ここから飛び立った。現在も中華民国最大の空軍基地で、空軍育成の軍官（将校）、機械、通信の3校はそこにある。

中華人民共和国空軍創設の父となる林弥一郎《やいちろう》少佐（中国名、林保毅）は満州残留の関東軍第2航空隊第4練成飛行隊長だった。終戦後、部下300名を率いて、瀋陽《しんよう》東南の奉集堡《ほうしゅうほ》飛行場駐留地から200キロ離れた日本人開拓団の農場に移動した。やがて東北民主連合軍の第21旅団の騎兵隊に包囲され、捕虜となった。

彭真書記と伍修権参謀長は林隊長に空軍創設に協力してくれるよう話を持ちかけた。空軍創設はただ口先だけではなく、人材以上に技術力、国力などの条件が不可欠である。林は、捕虜の人格と尊厳への配慮、パイロット訓練志願者の心身の健全、日常生活に必要な栄養の補給、日本人の食生活や習慣などの尊重、部下たちの家族や生活への配慮などの条件を出し、林彪、彭真ら3人の首脳からもすべての条件が認められた。

共産党軍だけでなく、国民党も各地方軍の実力者も、次の一戦のために、残留日本軍の協力を喉から手が出るほど求めていたのだった。

林隊長が率いる関東軍第2航空隊第4練成飛行隊300人を中心に、1946年1月1日、東北民主連合軍航空総隊が満州で正式に設立された。総隊長は民主連合軍後方司令部の朱瑞《しゅずい》司令官が兼任し、林が3人いる副総隊長の一人に任命された。

旧軍機と飛行場を利用して、林は部下の大澄国一《おおすみくにかず》と村田喜久吉の二人に二つのグループをつくらせ、パイロット訓練と空軍の創設に取りかかった。そして3月には航空総隊が航空学校に改名された。

3年間に林はパイロット126名と、飛行管制、気象、通信、整備などの技術者434名の合わせて560名の幹部を育成した。「林学校」出身は後に中華人民共和国空軍の主役となり、棟梁となった。その後、「中国空軍の父」との称号が林に与えられた。「林学校」出身の人民解放軍空軍司令官は、王海、張積慧、林虎と続いている。

林弥一郎以外にも、群馬県出身の南京第3飛行部隊、唐山19飛行隊配属の筒井重雄《しげお》パイロットなどがいる。筒井は南京から唐山への帰路に不時着した際、八路軍の捕虜となった。自殺を図ったが未遂に終わり、の

林弥一郎

ちに飛行訓練の教官となっている。

中華人民共和国の空軍の創設に貢献した元日本軍人は、林弥一郎をはじめとするパイロットや、整備士の井上猛など約300人以上にもなる。日清戦争後に中国各地方の実力者の武備学《ぶびがく》堂《どう》で教官となったのをはじめ、北京政府の新軍創設、辛亥革命の計画と陣頭指揮、軍事顧問などになって、多くの日本軍人が近代中国軍を支えてきた。日中両軍の不即不離、一蓮托生《いちれんたくしょう》の関係は近現代史の中で非常に際立っているといえる。

林ら日本人教官たちは、優れた指導法で、世界最先端の飛行技術を中国人にマスターさせていったのである。

林は1957年に帰国するが、それから約30年後の85年、北京に招待された林らかつての教官たちは全国人民代表大会常務委員会の彭真委員長と会見する。そこで彭真は「皆さんは困難な状況にありながら、人民空軍の中核となるパイロット126人と数百名に上る地上技術者を養成してくださった。私たちは必ず皆さんの功績を空軍史に書き留め、子々孫々まで語り伝えます」と高く評価した（『新中国に貢献した日本人』）。

軍事評論家である佐藤守氏のブログ日記の中に、「中共空軍創設秘話」（2005年11月5日）という項目がある。その中に貴重なエピソードがあるので、抜粋して紹介しておきたい。「反響が大きかったので、林飛行中隊の秘話を書いておこう。参考文献は散逸していて、纏《まと》まったものが少ない。そこで私の後輩で、新治毅元防大教授が航空自衛隊の部内誌に発表した文献を抜粋引用しつつご紹介することにしたい。

新治教授は、1997年5月に防衛研修ツアーで北京を訪問した際、『私は中国空軍OBの姚峻（ようしゅん）と申します。私は日本陸軍の林弥一郎少佐に九九式高等練習機による操縦教育を受けました。林飛行隊の皆さんは中国になかった空軍を親身になって産み育てられ、その行き届いた教育と薫陶に今でも感謝しています』と挨拶した老紳士が、元中共空軍副参謀長の退役中将であったことから興味を持って調べたという」

中国空軍の創設から成長の過程の中で、中華人民共和国の成立後、初期には親ソ一辺倒だった時期もあったが、後に中ソ対立が激化した。1989年の天安門事件前まで、中国のGDPは東京都の半分にも満たなかった。新型戦闘機の開発など、中国が空軍力の増強に着手するのは、やっと90年代に入ってからである。

中華人民共和国空軍の事始《ことはじ》めは、ソ連ではなく大日本帝国陸軍航空隊によるものだったのである。

第3章

世界を驚かせた日本人の創造力

「外国人が日本人に抱く共通の印象に、模倣力はあるが独創力は皆無に等しいという見方があるが、これは極めて皮相な見方だ」

工部大学校（現在の東京大学工学部）の初代校長ヘンリー・ダイアー

世界が賞賛する「ものづくり日本」の原点

「日本人はサルマネばかり」という批判は昔から多かった。たしかに遣隋使・遣唐使の時代には中国に学んだし、開国維新の「文明開化・殖産興業」の時代には西洋文明を積極的に取り込もうとした。

たいていの中国人が日本人と論争になったときに、国自慢をして言うことは、日本のハシ・ゲタ・スモウにいたるまですべての文物は中国から輸入したもの、韓国人のウリナラ（国自慢）でも剣道、武士道、神社にいたるまでほとんどが韓国から伝来したものだと主張する。天皇家でさえも韓国出身だと言い張る。

日本の文化人でも日本人は「サルマネばかり」をしてきたと認める者も少なくない。夏目漱石も渋沢栄一も、ほかならないその一人である。

日本人は「サルマネがうまい」。たしかにそういえないこともないが、決して「サルマネばかり」ではないことを再認識しなければならない。

日本はすでに縄文時代から人類に先駆けて、さまざまな土器を創出している。縄文時代には匠《たくみ》の精神と創造力の素地と素養を持っていたのだ。日本が「匠の国」として独自の科学技術を開発し、発展してきたのは間違いない。

釘を1本も使っていない法隆寺の五重塔や山口県岩国市の錦帯橋《きんたいきょう》、築城の石積み技術、今でも世界最大の金属大仏である奈良の大仏の鋳造《ちゅうぞう》技術などはまさしく日本の風土にあった独創的な技術である。

冒頭の言葉は、工部大学校（現在の東京大学工学部）の初代校長ヘンリー・ダイアーが、著書『大日本　東洋のイギリス——国民進化の一研究』で述べた言葉だが、日本をよく知る外国人は、日本人の独創的能力を高く評価している。

ペリー来航後、日本の科学技術は西洋よりもかなり後《おく》れていると、幕末の日本人が大きなショックを受けたことはたしかだ。だが異文明の衝撃を受けた後に、日本は新しい外来の科学技術を受け入れる素地を持っていただけではない。日本人の技術的能力は、銃器、洋船、洋館をつくり、さらに本家本元よりも性能の高い零式《れいしき》戦闘機やＩＣ、ロボットをつくった。

２０１０年に開催された上海万博では、日本館に人気が集まり、長蛇の列ができたことがさかんに報じられた。中国人のお目当ては、日本が

ヘンリー・ダイアー

世界をリードするロボットであった。

そのロボット工学の先駆けとなったのは、1796年、江戸時代に日本最古の機械工学書ともいえる『機巧図彙《きこうずい》』を著した土佐藩士、細川頼《より》直《なお》である。同書は、有名な「茶運び人形」をはじめ、さまざまなからくりの設計図や製作方法を詳細な図で解説したものであり、当時の世界でも例のないものであった。

細川頼直は通称「からくり半蔵」と呼ばれ、土佐に生まれ、やがて江戸に出て天文学などを修めた。江戸幕府が暦を改めた際には、その任に命ぜられるほどの科学技術者であった。生年ははっきりしていないが、1796年に没している。

そしてもう一人、ロボット史において忘れてならないのが、「からくり儀右衛門《ぎえもん》」と呼ばれた幕末の匠、田中久重《ひさしげ》である。

田中儀右衛門久重が生まれたのは、江戸末期の1799年である。父の田中弥右衛門は筑後の久留米に住む鼈甲《べっこう》細工師で、数人の弟子をとっていた。二男三女の長男として生まれた久重は、よく父親の作業場に行って、じっと大人たちの手先に見入っていたという。

「からくり儀右衛門」
と呼ばれた田中久重

幼いころに父の仕事場の道具を使って、紐《ひも》のひねり加減によって開閉する硯箱《すずりばこ》をつくったこともある。久重は14、15歳のころからからくり人形の新しい仕掛けを考案するようになり、18歳のとき父が亡くなると家業を弟に譲り、からくりづくりに専念するようになった。

久留米には五穀《ごこく》神社、祇園《ぎおん》神社、水天宮《すいてんぐう》の三名社がある。五穀神社恒例の秋の祭礼にからくり人形の奉納が行われた。そこで久重は「茶汲《ちゃく》み人形」を披露して、名声を博した。この人形の絶妙な演技によって、「からくり儀右衛門」と呼ばれるようになる。有名な武者人形「弓曳《ゆみひき》童子《どうじ》」（的に向けて矢を射る人形）は今でも東芝科学館に保存されている。

江戸の鎖国時代には、長崎が西洋（南蛮）に開放された唯一の門戸だった。西洋のハイテク製品、たとえば、時計や望遠鏡などがここから入ってくる。長崎のオランダ商館から徳川幕府に献上された珍品の中に、「気砲《きほう》」と呼ばれる空気銃があった。

21歳の久重はこの「気砲」を一見しただけで、すぐ空気の圧力を利用したものだと理解した。「南蛮人も人間だ。南蛮人がつくれるものなら、日本人がつくれないはずがない」と考え、研究をはじめた。そして、まもなく自作の気砲を完成した。

藩主の有馬頼徳《ありまよりのり》が久重の試射を見て、その威力に驚き、大量に入手したいと願ったが、幕府に誤解されることを恐れる側近から猛反対され、量産するまでにはいたらなかった。

久重がからくり人形の地方巡業の旅に出なければならなくなったのは、「気砲」の研究開発に多大な経費がかかり、生計を圧迫したからだった。約10年もの間、全国を興行して歩いた。そして、１８３４年に久重と家族は大坂の淀川船場近くの上町に移り住むことになる。そこから久重の発明人生がはじまる。

まず、久重は旅のあいだとてもかさばって不便だった燭台《しょくだい》のコンパクト化に取り組んだ。携帯用の折りたたみ式の「懐中燭台《かいちゅうしょくだい》」を開発して販売したところ、大坂でヒット商品となった。それでやっと久重の生活も安定するかと思われたが、大坂に移り住んで3年目、不作不況の中で、大塩平八郎の乱が起こり、大坂の町は約5分の1が焼け野原になった。いわゆる「大塩焼け」である。久重の家も焼失し、やむをえず難を逃れて京都の伏見に居を移した。

そこでも、久重はヒット商品を生み出す。燃料費の安い菜種《なたね》油を使用しロウソクの10倍以上の明るさを放ち、しかも5～6時間は連続使用できるという「無尽灯《むじんとう》」を開発して売り出した。計7品をつくり、一番安いものは1両、高級品は3両で売り出したところ、飛ぶように売れた。

江戸時代の照明具は行灯《あんどん》であり、火種はロウソクか菜種油が使われていた。ロウソクは高価なものだったから、武家や豪商以外の庶民はたいてい安い菜種油しか使えなかった。

「無尽灯」の発売の際には、油の循環による空気圧の原理を応用したという「無尽灯の記」という解説書まで書き記して店頭に置いた。今でいうパンフレットである。

また、久重は「大塩焼け」の災禍《さいか》からヒントを得て苦心研鑽を積んだ結果、１８４７年には

4人で交互に押す手押しポンプを完成させている。「雲竜水《うんりゅうすい》」と呼ばれ、明治時代に蒸気式の消火器が輸入されるまで、国産最高の消火器であった。

次に、久重が目指した発明が天象時計である。京都の蘭学者・広瀬元恭《げんきょう》から物理学や化学、砲術を学び、戸田久左衛門から天文学と数学、さらに京都の土御門《つちみかど》家から天文暦学を学んで、時計製作に取り組んだ。

久重は「須弥山儀《しゅみせんぎ》」と呼ばれる機械式プラネタリウム時計以外に「竜門時計」「太鼓時計」などさまざまな時計を製作している。その最高傑作となるのは、今でも東京・上野の国立科学博物館に陳列されている400日巻の「万年自鳴鐘《まんねんじめいしょう》」である。

現在では「万年時計」として知られるこの時計は、1000点を超える部品を久重がほとんど一人で自作した。それまでの時計は、ネジを巻いても1日程度で止まってしまうものだったが、この時計は一度巻けば、1年以上も動き続けるという驚くべき性能であった。

しかもこの時計は純粋な「和時計」であった。江戸時代では「一刻」が時間の単位であったが、昼が長い夏と短い冬では「一刻」の実時間が異なり、夏の昼間の「1刻」は約2時間半、冬は1時間半、それもまた、昼夜によっても異なるという複雑なものだった。

そこで久重は、文字盤の間隔を自動的に動かすという、非常に精巧な仕組みを組み込んだのである。

田中久重がつくった「万年自鳴鐘」は、国立科学博物館に常設展示されている。2007年には「機械遺産」に認定された

ちなみに、2004年の愛知万博で、100人を超える技術者が1億円をかけてこの万年時計のレプリカを作成しようとしたが、完全に復元することは不可能だったという。あらゆる「時の概念」や「匠の技」を一つに凝縮したこの傑作を生み出したことによって、久重は1852年に「日本第一細工師」の招牌《しょうはい》を受けている。

当時、日本は1853年のペリーの黒船来航以降、開国を要求する欧米の圧力を受けていた。幕府も各藩も、欧米の進歩した文明に危機感を抱き、自国の近代化を迫られていた。特に長崎警備を担当していた佐賀藩では、大砲の鋳造や蒸気機関の建造、化学薬品の開発などが急務であると考え、優秀な技術者を集めていた。そこで、当時最先端の科学技術研究機関であった精《せい》煉方《れんかた》に抜擢《ばってき》されたのが、久重だった。

蒸気機関や大砲などの技術開発に取り組み、日本の国防技術の近代化を強力に後押しすることになった。開国後になると発明の天才少年「からくり儀右衛門」は、伝統技芸と西洋技術を融合させた実用品を次から次へと開発する。船舶の交信に使われる電信機、写真機、ガラス製の手ぬぐいかけの国産化や発明など、久重が手がけたものは多岐にわたった。

その後、久重は郷里の久留米藩からの協力要請を受け、技術顧問として先端兵器であるアームストロング砲などを完成させたほか、火薬技術を使い筑後川の河川改修までも行った。また、久重は「人々に役立ってこそ技術」という信念を持っていたため、国防技術の近代化ばかりではなく、日本初の製氷機や自転車、人力車、精米機など人々の生活に密着した製品の開発も積極的に行っている。

郷里の久留米で久重の人生も終わるかと思われたが、成立したばかりの明治政府にとっては、西洋技術の国産化が緊急の課題であり、なかでも通信技術の分野で優れた技術者が必要となった。

「田中久重を東京に呼び、日本の近代化にもうひと働きしてもらおう」との声が上がった。

１８７３年、久重は73歳にして東京に打って出る。文明開化の中心地、銀座煉瓦街《れんがが い》に店をかまえ、ほどなくヘンリー通信機をつくりあげた。

この日本初の民間工場である「田中工場」には、その後の日本の「ものづくり」を支えた多くの技術者が集まってきた。

「沖電気」の創業者となった沖牙太郎、「宮田自転車」を興した宮田栄助と次男の政次郎、国産旋盤を開発し「工作機械の父」と呼ばれた池貝庄太郎などである。

そして、１８８１年久重は発明に没頭した82年の生涯を閉じた。養子の田中大吉が２代目田中久重を襲名し、その翌年東京・芝浦に「田中製造所」が設立され、３代目の田中久重へと続いた。それが、現在の「東芝」である。

久重は技術大国・日本の基礎をつくった男であり、また、世界最高水準である日本のロボット技術の元祖として、欧米の文献にも「カラクリ・マスター」として数多く紹介されている。

もう一人、日本の匠としてあまり知られていない傑物を紹介しよう。名前は田中正平という。彼は「純正調オルガン」をつくり、ドイツ皇帝から絶賛された人物である。

田中は、1862年淡路島で生まれ、82年に帝大理学部物理学科を最年少の21歳で首席で卒業した秀才である。

彼は84年、森鷗外らとドイツへ留学、物理を学びながら音響学も研究した。帝大時代の師メンデルホールが、「物理を学ぶ者は音楽を知らなければならない」と常々語っていたからだ。

そして田中は、純正調オルガンを完成する。通常のピアノやオルガンには1オクターブに鍵盤が12個あるが、実際には、これでは正確な音が出ない。どうしても音がほんの少しだけずれるのだ。そこで田中は21の鍵盤と膝で調整する転換器を用いて音のずれのないオルガンを製作し、時のドイツ皇帝ヴィルヘルム2世の前で演奏会を開いた。これを聴いたヴィルヘルム2世から絶賛されている。

田中正平

ヴィルヘルム2世は、田中のことが非常に気に入ったらしく、1901年に伊藤博文と会見した際に、田中のことを尋ねた。しかし伊藤は田中を知らず、皇帝から「音楽の天才であり傑物である田中を知らないのか」と言われて、赤面したという（大隈重信『早稲田清和』）。

ヴィルヘルム２世

「機械製品および一般実用製品において、日本人はたいした手技を示す。彼らが粗末な道具しか使ってなく、機械を使うことに疎いことを考慮すると、彼らの手作業の技能の熟練度は驚くほどである。……国民の発明力が自由に発揮されるようになったら、最も進んだ工業国に日本が追いつく日はそう遠くないだろう」

ペリー提督『ペリー提督日本遠征日記』

世界に先駆けて乾電池を発明した日本人

人類は動力資源として歴史がはじまって以来、人力以外には、畜（獣）力、火力、水力、風力、エネルギーの資源として、木炭、石炭、石油、天然ガス、そして原子力を使用してきている。

ことに電気が発見され、電力が動力資源となってからは、世界中でさまざまな開発競争が行われてきた。たとえば、電池に関しても、18世紀から19世紀にかけてはじめてイタリアで実用化されてから、日本でも開国直前に、佐久間象山《しょうざん》が強い関心を持ち、電池を試作している。

しかし、初期の電池は液体電池だったので、使用するのに難点が多かった。そこで、欧米各国はしのぎを削って、乾電池の開発競争に突入した。

日本では明治維新後、１８８７年、屋井先蔵《やいさきぞう》が乾電池の開発に成功している。乾電池はドイツのガスナー、デンマークのヘンセンス、それに屋井先蔵の３人がほぼ同時に発明したとされているが、現在では屋井先蔵のものが最初だったと認められている。開国維新後の日本人科学技術者はなぜ、早くも最先端の科学技術開発競争に参入し、先鞭を打てたのだろうか。

先蔵は、１８６３年に越後長岡（現在の新潟県長岡市）で生まれた。生家は３００石あまりの禄を食《は》んでいたが、父の代に家産をほとんど失っていた。6歳のときに父が死んだため、先蔵は母とともに、姉の嫁入先である叔父を頼るしかなかった。

13歳のとき、先蔵は一人で三国峠を越え、1日ほぼ10里（約40キロ）ずつ1週間歩いて、東京神田の有名な時計店に丁稚《でっち》奉公《ぼうこう》に出た。時計店といえば、開国維新当時では文明開化時代を先取りした、もっともモダンな事業だった。先蔵には、東京に出て技術者として成功して、再び家名を興そうという野心があったのである。

ところが、先蔵は病に倒れ、すぐに故郷へ帰されてしまう。2度目の奉公は家からそう遠くない長岡の豪商だった。この店で時計の修理工として7年を過ごす。時計の修理をしながら、ゼンマイを巻かないで自動的に動く「永久機関」をつくれないかと考えていた。

先蔵は正規の教育を受けていないので、学者とは出身が違う。漢字の字書『玉篇《ぎょくへん》』を古本屋から手に入れ、時計板の下に入れておき、毎日時計を修繕しながら丸暗記した。英語も同じ方法で独習した。しかし、自分には基礎学力が不足していると感じた先蔵は、東京へ出て勉強しよ

屋井先蔵

うと、１８８４年に再び三国峠を越えて上京した。物理学校に通学しながら、英語、数学、漢文を講ずる塾にも通い工部大学校を目指して、受験準備までしたものの、１回目は失敗、２回目は5分の遅刻によって試験場に入れず、入学の夢はかなえられなかった。

その後、先蔵は浅草で教育玩具製造会社に職工として働きながら、夜は会社の2階で、夢だった電気動力で動く時計の開発に打ち込んだ。１８８５年、バネをまったく用いない本格的な電気時計を発明した。それが「連続電気時計」と呼ばれるものだ。先蔵はこの発明で後年（１８９１年）専売特許を得ている。それが、日本電気関係特許の第1号とされている。しかし、市場需要の見通しがつかなかったので、製造販売はできなかった。

先蔵が連続電気時計の特許を取ったときには、すでに電気時計が日本にも輸入されている。だが、それは電気でゼンマイを巻くものであって、すべてが電気で駆動する全自動の「完全な電気時計」ではなかった。先蔵が開発したのは当時の輸入電気時計よりも優れた「画期的な発明」だったが、使用する電池は液体電池だった。液体電池は電解液の液漏れと気温の低下による凍結という欠点があった。

先蔵が「完全電気時計」を開発したものの、市場化できなかったのは、従来の液体電池では電源として「完全」ではなかったからだ。先蔵は従来の液体電池から「乾いた」電池への開発に着手した。こうして屋井乾電池合資会社が１８８５年に設立され、悪戦苦闘のすえ、先蔵は

87年に乾電池の開発に成功した。

１８９２年、アメリカのシカゴで万国博覧会が開かれた際、東京帝大出品の地震計に屋井先蔵の開発した乾電池が使われ、世界に注目された。さらに驚かされたことは、翌年、アメリカから日本に輸入された乾電池は屋井乾電池の模造品でしかなかった。というのも、特許を取るにも費用がかかるため、資金難に苦しむ先蔵は、屋井乾電池を特許出願していなかったからである。

そこで屋井はあわてて特許を出願し、93年11月に取得したが、市場で売れる乾電池は、舶来品のアメリカ製のものばかりだった。しかし、日清戦争後の94年に陸軍省が軍事通信用に先蔵の乾電池を５００個も注文したことで、号外まで出て、屋井乾電池の評判は一挙に高まり、需要が急増した。満州の戦場は寒く、ルクランシェ液体電池に代わる不凍の乾電池を陸軍が使用しはじめたからであった。

先蔵は下谷御徒町に工場を建て、翌年には、神田黒門町（現在の千代田区鍛冶町）に移し、浅草神吉町（東上野）にも工場をつくり、品質を改良しながら、外国製品に対抗し、不動の市場を確立したのである。

懐中電灯と携帯用乾電池

一躍「電池王」となった先蔵であったが、その後、競争相手が次々と参入してきた。１９０６年には岡田電気商会が小型の照明用乾電池を発売し、大当たりした。

さらに先蔵の行く手に現れたのが、同じく丁稚から立身した若き日の松下幸之助である。１９２２年に幸之助が自転車用の「砲弾型ランプ」を発売すると、これが大ヒットし、乾電池の需要を一般家庭にまで拡大させた。

こうして電池産業が激戦期を迎える中、先蔵は若い頃からの無理がたたったのか、病に倒れ、１９２７年に急逝する。

「屋井先蔵がもっと長寿であったら、松下幸之助と並び立つ存在になったであろう」と、その死を惜しむ声も上がった。

冒頭の一文は、ペリーが日本の技術立国への道を予見した言葉であるが、その言葉通り、世界に先駆けて独力で電力を乾電池に封じ込め、携帯可能にした発明は日本技術の誇りとして、その創造性はじつに驚嘆に値する。

日本が最先端工業国になる日もそれほど遠くない……。

ペリー提督

「ライト兄弟よりも先に飛行の原理を発見した人物」

英国王立航空協会

人類初の動力飛行に成功した「航空機の父」

人間が鳥のように空を飛ぶ夢は人類史とともに古い。古代ギリシャ神話のダイダロス・イカロス父子の物語なども、その夢を表す話であろう。レオナルド・ダ・ヴィンチが、人間が空を飛ぶための機械を草稿に書き示してから数百年もの間、人間はこの夢を実現するために、さまざまな試みをしてきた。

モンゴルフィエ兄弟（フランス）が熱気球の飛行で、高度２０００メートルまでの上昇に成功したのは１７８２年であった。それから約１００年後の１８９１年、オットー・リリエンタール（ドイツ）が鳥の飛び方を研究してグライダーを試作し、滑空《かっくう》に成功した。

自転車製造業者のライト兄弟（アメリカ）が自作の飛行機「ライトフライヤー号」で、人類初の有人動力飛行に成功したのが１９０３年、飛行時間12秒、距離１２０フィート（36・58メートル）だった。

以来、世界は本格的な飛行機の開発競争に突入した。日本では１９１

1903年12月17日、ライト兄弟が人類初の有人動力飛行に成功したときの写真

0年に徳川好敏《よしとし》がアンリ・ファルマン複葉機をフランスから、日野熊蔵がグラーデ単葉機をドイツから購入し、代々木練兵場で日本における飛行機の初飛行を行った。だが、その翌年に奈良原三次《さんじ》が国産機、奈良原式2号機の初飛行に成功している。日本が本格的に飛行機の開発競争に参入してから30年後、第2次世界大戦中に、当時世界最高性能の零戦《ゼロせん》が、その勇名を世界に轟《とどろ》かせたことはよく知られていることだ。

しかし、ライト兄弟の初飛行の12年も前に、すでに飛行原理の解明や動力飛行に成功した日本人がいた。陸軍一等調剤手（曹長）の二宮忠《ちゅう》八《はち》である。

二宮忠八は1866年、伊予（現在の愛媛県）の八幡浜に生まれる。87年、21歳のころに香川県丸亀の陸軍歩兵第12連隊に入営する。連隊では年に1度の大規模な野外演習が行われる。89年の秋季演習を終え、樅《もみ》の木峠にさしかかったところで昼食をとった。忠八は上空を飛来するカラスの群れを何気なく眺めていたところ、下降して羽ばたきをやめて滑空する姿を見た。そこから飛行原理を思いつき、その後、研究に打ち込み、飛行物体の試作を試みた。

二宮忠八

忠八が製作した「カラス型飛行器」は全長35センチ、翼長45センチで、機首に垂直安定板、機尾に水平尾翼を持ち、ゴム動力によりプロペラを回すものであった。現在よく見かける子ども用おもちゃの飛行機に近いが、当時、空を飛ぶものとしては気球くらいで、飛行機の形はおろか、原理すら確立されていない時代のことである。

しかも、それまでの世界では、鳥の羽のように羽ばたかせることばかりに主眼が置かれていたが、忠八は固定翼による飛行を考案した点で画期的だった。

１８９１年4月29日夜、丸亀練兵場で飛行テストに成功した。３メートルの自力滑走後、高度約１メートル、飛行距離約30メートル。これが人類初の動力飛行である。

ずっと空飛ぶ夢を抱いていた忠八は、鳥だけでなく虫の飛び方もよく観察した。なぜ玉虫が鳥とは違って、羽ばたくことなく飛べるのか、それは固い羽の下に柔らかい羽を持ち、それで羽ばたいて推進力とし、さらに固い羽が空気抵抗を受けて空に浮揚する揚力を生むのだと着想した。

それが、93年10月1日に設計した大型の「玉虫型飛行器」という有人動

（右）外国の英語教材「Read This!」（ケンブリッジ大学出版）で紹介されている二宮のカラス型模型飛行器　（左）玉虫型飛行器の実物大模型

力飛行機である。残りは動力部であるエンジンの開発を待つのみだった。

そのころ朝鮮半島をめぐる日清の争いは日増しに激化。忠八は衛生兵として大島義昌《よしまさ》陸軍少将（のち大将）が率いる混成第9旅団の第1野戦病院付一等調剤手（曹長）として朝鮮に出征した。「玉虫型飛行器」製作10カ月後には、日清両国が戦争に突入した。敵状偵察と負傷兵や補給物資の輸送に「飛行器」の軍用化が機動力の向上に役立つと思い、上官の陸軍軍医柴田勝央《しょうおう》に提案し、94年8月19日に「軍用飛行器考察之義ニ付上申」と題する上申書を柴田上官に託して、大島旅団参謀長の長岡外史《がいし》大佐（のち中将）に提出した。

だが、長岡参謀長には一顧だにされず「軍務多忙の折、検討する暇がない」と却下された。日清両軍が激戦中で、「奇想天外」に近い「飛行器」の上申書など、誰であろうと読む暇がなかった。参謀長ならなおさらである。戦後、忠八は再び上申書を直接大島義昌旅団長に提出したものの、なしのつぶてだった。

日清戦争後、忠八は製薬業界に転進した。研究熱心にしてアイデアマンの彼はたちまち頭角を現し、大日本製薬会社の支社長にもなった。その間も、軍からの協力が得られずに夢が実現できなかったことには失望落胆したが、忠八は夢を捨てることなく飛行器の研究開発を続けた。

１９０３年の秋、やっと動力問題解決の見通しがついた。全長５・４メートル、翼幅１・２メートルの「玉虫型飛行器」の実験機製作がほぼ完了し、動力にはオートバイの12馬力のガソリンエンジンを搭載する予定だった。

だが、一歩開発競争に後れた。同年12月17日にライト兄弟が有人動力飛行に成功したニュースが世界を駆けめぐった。世界の飛行競争を一歩リードしたのである。忠八の20年にわたる航空器の研究開発にかける夢は頓挫した。日本では奈良原三次の国産機による初飛行が、その８年後に成功し、その後に零戦、雷電《らいでん》と続いていった。

　こうして空の時代が幕を開けたが、その後、航空機事故が多発したことから、忠八は大空に散った霊をとむらうために、１９１５年に私財を投じて、京都府八幡市八幡土井の私有地に飛行神社を建立し、自ら神主となって空の安全を祈願した。

　忠八の「飛行器」開発の話は一時過去のこととして忘れ去られていたが、忠八の同郷人白川《しらかわ》義則《よしのり》中将（のち大将）と帝国飛行協会（現在の財団法人日本航空協会）記者、加藤正世《まさよ》らが機関誌『帝国飛行』（１９２０年、第5巻第4号）に「二宮式飛行機について」と題して、日清戦争当時の設計図をはじめ忠八の飛行器研究開発の経緯を詳細に伝えた。その報道が話題となり、世に広く知られるようになった。

　陸軍航空本部長の井上幾太郎《いくたろう》中将（のち大将）は「欧米先進国に先がけた未曾有《みぞう》のできごと」と激讃した。そして、６年後の１９２６年5月25日には、帝国飛行協会総裁の久邇宮邦彦《くにのみやくによし》王《おう》から「我邦航空史上の一大光彩」として有功章を授与され、忠八がカラスの滑空から「飛行原理」を発見した十郷村（現在の香川県仲多度郡まんのう町）の樅の木峠に「魁天下」と刻まれた顕彰碑が建立された。

忠八の上申書を却下した長岡外史大佐は、その後中将まで昇進し、奇《く》しくも帝国飛行協会副会長を務め、「民間航空の父」として広く知られる存在になっていた。長岡はやがて忠八の軍部への「飛行器」研究開発の上申書を却下したのは自分だと知って愕然《がくぜん》とした。そして、忠八に長文の謝罪の手紙を送った。

「貴兄の折角の大発明を台無しにしたのは全く小生である」「貴兄に対し謝罪し、また大方（世間）に向かって減刑を請いたい」「穴にでも入りたき心地」とまで心情を吐露した。その手紙を読んだとき、忠八は大粒の涙を流したといわれている。

1936年4月8日、忠八は69年の生涯を閉じた。翌年には、尋常小学校の国定国語教科書でも、「欧米列強に先がけて、動力飛行機に成功した立志伝中の日本人発明家」として紹介され、飛行機開発の先駆者として教えるようになった。

1964年、英国王立航空協会の展示会場にも「玉虫型飛行器」の復元模型が展示された。そして開発者の二宮忠八を「ライト兄弟よりも先に飛行の原理を発見した人物」として認めたのである。

グライダーについては、先のドイツのリリエンタール以前にも、アメリカのジョージ・ケイリーが１８５３年に１００メートルほどの有人滑空飛行に成功しているが、さらにそれより70年近くも前に、岡山の提灯職人であり表具師《ひょうぐし》の浮田幸吉《うきたこうきち》が開発している。

機体の長さは９メートル、幅２メートル、骨組みは桐材で翼は和紙と絹、さらに柿渋《かきしぶ》を塗って強度を増した。

岡山の旭川にかかる京橋で河原の上空30メートルの滑空に成功した。ところが野次馬で大騒ぎになってしまい、幸吉はこの「奇行」により役人に提訴され、所払いとなった。

日本人もかなり早い段階から、空を自力で飛ぶことを夢み、実現しようとしていたのである。

「日本は（高峰譲吉という）偉大なる国民を失うとともに、アメリカは得がたい友人を失い、世界は最高の化学者を失った」

ニューヨーク・ヘラルド紙

フォード・コダック・エジソンと並び称される発明家

日本は昔から生糸、銀の輸出国として有名である。ことに刀剣、和紙、漆《うるし》、藍、酒造などは技術も品質も最高レベルで、世界最先端を独走する分野である。この分野の産業は近現代化を経ても日本独自の高品質を守り続け、日本が世界に誇る伝統産業といえる。しかし、日本の得意分野は伝統工芸のハンドクラフト（手工業）にかぎらない。

「タカジアスターゼ」といっても、戦後世代にはあまり耳慣れないものだが、文豪夏目漱石の『吾輩は猫である』で主人公の苦沙弥《くしゃみ》先生と細君との間に交わされている常用語で、当時の一般家庭に常備されていた胃腸薬である。

アメリカで開発された有名な消化酵素で、開発者は日本人化学者の高《たか》峰《みね》譲吉《じょうきち》博士だ。あの時代、フォード、イーストマン（コダック）、エジソンと並ぶ超有名な発明家である。

譲吉は１８５４年、今の富山県高岡市御馬出町に生まれる。高峰家は

高峰譲吉

代々加賀前田藩の御典医《ごてんい》を務め、父は京都で蘭学、江戸で西洋医術や化学を学んだ、蘭方にも通じた漢方医である。母の実家は造り酒屋である。譲吉が化学の道を選んだのは、両親からの影響が大きいとも思われる。

譲吉は65年、11歳のとき加賀藩から選抜され長崎へ渡り、英語を学んだ。68年、14歳のときに京都へ出て兵学塾で学び、さらに大坂へ行き緒方洪庵《おがたこうあん》の適塾《てきじゅく》に入ったが、1年後に帰郷。「七尾語学所」という藩の分校に入り、教育を受けた。その後大坂医学校（現在の大阪大学医学部）、大坂理学所を経て、東京の工部省工学寮（1877年に工部大学校と改称。のちの東京帝大工科大学）に入り、79年工部大学校応用化学科を首席で卒業した。

在学中の1877年に西南戦争が勃発した。陸軍省から時の工部大学校校長の大鳥圭介《けいすけ》に軽気球の製作依頼があり、日本初の軽気球を設計・製作、築地の海軍省練兵場で有人飛行の実験を行った。このとき設計製作を担当したのが、譲吉を中心とするチームであった。

80年、工部省から英国留学を命じられた譲吉は、グラスゴー大学とアンダーソニアン大学で工業化学と電気応用化学を学ぶかたわら、リバプール、マンチェスターなどの工業都市を訪ね、ソーダや人造肥料の製造を視察している。3年後に帰国して農商務省工務局に勤めた後、譲吉は工部省幹部の宇都宮三郎に、日本伝統産業である和紙、藍の製造技術や清酒醸造法の研究をさせてくれるように頼み、譲吉はこの分野の研究に没頭する。

譲吉が農商務省に入省した翌年の1884年、アメリカ・ニューオリンズで万国工業博覧会が開催され、日本も参加した。政府の事務官として当地に駐在していた譲吉が、会期中にもっとも関心を持ったのは、アメリカ産の燐《りん》鉱石だった。これを原料にして化学肥料工場を造ることを思い立つ。帰国後、この話を農商務省に持ちかけたが、政府は消極的で、伝統農家も新しい化学肥料への拒否反応が強かった。

翌年、たまたま公務出張中の神戸で知り合った渋沢栄一にこの話をもちかけたところ、理解を示してくれ、三井物産の初代社長である益田孝《ますだたかし》を紹介してくれた。益田も乗り気になって、さらに浅野財閥の浅野総一郎、大倉財閥の大倉喜八郎まで加わり、東京深川に東京人造肥料（のちに大日本人造肥料と改称）を設立する。譲吉は官職を辞めて会社の社長兼技師長を務めた。

多忙な日々を送りながらも、譲吉は工場近くに私設の研究所を建て、藍の肥料や防臭剤、防火塗料などの研究開発を行った。そして清酒醸造にきわめて重要な新しい米麹《こめこうじ》の開発に成功し、「高峰式種麹改良法」の特許を得た。

1887年、譲吉は再び渡米したとき、ニューオリンズ万博でニューオリンズの実業家エーベン・ヒッチの娘キャロラインと結婚する。時に譲吉32歳、キャロライン18歳であった。

高峰式種麹改良法にいち早く注目したのはアメリカの大手ウイスキーメーカー、ウイスキー・トラスト社である。同社にスカウトされた譲吉は渋沢、益田に詫び、会社を辞めて妻子を連れて渡米した。

渡米後、譲吉は麦芽《モルト》をふすまに代替したウイスキーの醸造法の開発に成功したものの、イリノイ州にあったウイスキー・トラスト社の工場が不審火で全焼したため、譲吉のアメリカン・ドリームも頓挫《とんざ》した。昔も今もベンチャービジネスはそれほどうまくいくものではない。

アメリカで生き延びるため、悪戦苦闘の末、譲吉は澱粉《でんぷん》を分解する酵素である「ダイアステース（ジアスターゼ）」の研究開発に成功した。1894年にこの消化酵素をギリシャ語で「もっとも優れた」という意味の「タカ」をつけ、「タカジアスターゼ」と命名した。もちろんジアスターゼという酵素をつくったのは譲吉がはじめてではない。しかし、譲吉が開発したジアスターゼは澱粉だけでなく蛋白質も分解するので、脂肪の消化にも効き目があり、しかも持続性があった。

この消化剤は欧米各国の学者から高い評価を受け、高峰の名は一躍学会で注目の的となった。譲吉は世界初の消化酵素薬品としてアメリカ特殊商標庁（USPTO）に出願し、自分の会社で製造開始した。その後、全米最大の製薬会社であるパーク・デービス社が製造発売し、世界中で好評を博した。

やがて日本茶の輸出商の西村庄太郎が譲吉から販売権を得て塩原又策《しおばらまたさく》、福井源次郎を加えた

３人の共同出資により、「三共商店」（１９１３年に三共株式会社と改組、現在の第一三共株式会社）を設立し、譲吉が初代社長に就任した。こうして販売開始された胃腸薬タカジアスターゼは、家庭常備薬品として世界的に大ヒットしたのである。

譲吉のもう一つの大業績は「アドレナリン」の発見と命名である。アドレナリンとは、譲吉と助手の上中啓三《うえなかけいぞう》によって世界ではじめて結晶化に成功したホルモン（内分泌物質）である。心臓停止時の救急救命薬や喘息《ぜんそく》の気管支拡張薬などとして現在広く用いられている。

以前、動物の副腎から有効成分が抽出されて以来、欧米で研究が進められていたが、結晶化にはいたっていなかった。大手製薬会社パーク・デービス社も会社一丸となって取り組んだが、なかなか進まなかった。

譲吉のチームは１９００年についに結晶化に成功し、この結晶を譲吉はアドレナリンと命名した。翌01年に開催された全米医学協会年次総会で、臨床実験を担当したマイヤー博士（後の全米耳鼻咽喉学会会長）は高峰譲吉のホルモン発見の経過報告の最後に、「われわれは、まさに医学上の新世紀を画すべき大発見に出会ったのです」と結び、満場の大喝采を浴びた。

高峰譲吉はホルモン化学の扉を開いた先駆者である。臓器学の発展は、アドレナリンの抽出の成功なしには考えられないことだった。

パーク・デービス社は譲吉の前人未到の研究開発への報酬として、１年の休暇を与えた。譲吉は休暇を利用して世界の化学工業の現状を視察するとともに、1913年に帰国し、日本人の独創的人材育成のために、官設ではない「国民的化学研究所」創設の必要性を呼びかけた。その提言に賛同した渋沢栄一をはじめ同郷の東京帝大化学科教授桜井錠二《じょうじ》らの協力を得て、「理化学研究所」が創設される。

1922年7月22日、ニューヨークで死去。享年67であった。その日の『ニューヨーク・ヘラルド』紙は、社説で「日本は偉大なる国民を失うとともに、アメリカは得がたい友人を失い、世界は最高の化学者を失った」と書いている。

2日後の『ニューヨーク・タイムズ』紙の社説は、「日米間の善意ある相互理解を導いた人物」と高峰を称えた。それは、高峰が「民間外交の大使」として日露戦争の際の軍費調達や日本PR、ワシントン軍縮会議の際の交渉などに献身的に貢献したからである。

ワシントンDCのポトマック河畔にある桜並木は、1912年にアメリカのタフト大統領夫人の希望を受け、尾崎行雄東京市長が寄贈したのだが、それを金銭的に援助したのは高峰譲吉である。

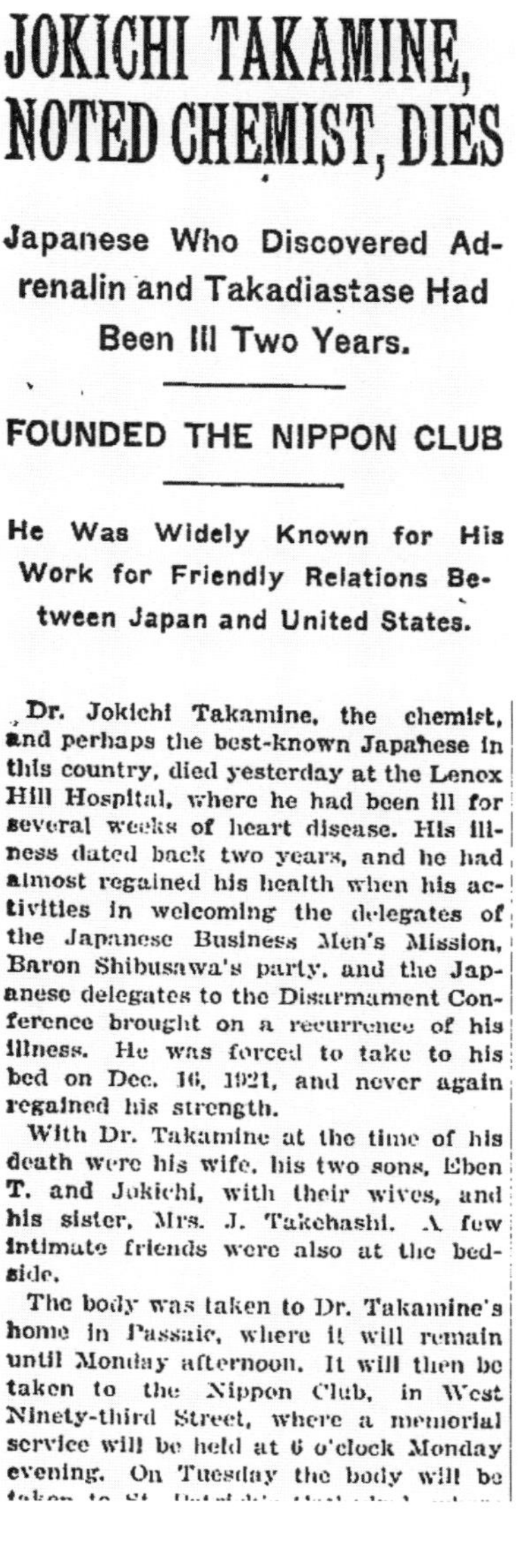

JOKICHI TAKAMINE, NOTED CHEMIST, DIES

Japanese Who Discovered Adrenalin and Takadiastase Had Been Ill Two Years.

FOUNDED THE NIPPON CLUB

He Was Widely Known for His Work for Friendly Relations Between Japan and United States.

Dr. Jokichi Takamine, the chemist, and perhaps the best-known Japanese in this country, died yesterday at the Lenox Hill Hospital, where he had been ill for several weeks of heart disease. His illness dated back two years, and he had almost regained his health when his activities in welcoming the delegates of the Japanese Business Men's Mission, Baron Shibusawa's party, and the Japanese delegates to the Disarmament Conference brought on a recurrence of his illness. He was forced to take to his bed on Dec. 16, 1921, and never again regained his strength.

With Dr. Takamine at the time of his death were his wife, his two sons, Eben T. and Jokichi, with their wives, and his sister, Mrs. J. Takehashi. A few intimate friends were also at the bedside.

The body was taken to Dr. Takamine's home in Passaic, where it will remain until Monday afternoon. It will then be taken to the Nippon Club, in West Ninety-third Street, where a memorial service will be held at 6 o'clock Monday evening. On Tuesday the body will be

1922年７月23日の『ニューヨーク・タイムズ』紙も高峰譲吉の死を報じた。日米親善のために尽くしたと記述している。

「戦後日本が生み出した産業技術の中で、もっとも世界に誇れるものはビニロンである」

西澤潤一（元東北大学総長、岩手県立大学学長、首都大学東京学長）

ビニロンを独創開発した高分子化学のパイオニア

衣食住の中で、人類にとって「衣」は史前から数千年にもわたたって、毛皮、麻、絹、棉の時代がずっと続いてきていた。だが、戦後から人類生活史の上で「衣」の分野では大きな変化が現れた。それが化学合成繊維の発見である。

ことにナイロンストッキングの出現は、日本の主要な輸出産業である絹糸に大きな打撃を与えた。

アメリカで生まれた「ナイロン」、イギリスで生まれた「テトロン」、そして日本で生まれた第３の化学合成繊維「ビニロン」がじょじょに繊維市場の主役になったのは、戦後のことであるが、じつは合成繊維の研究は戦前からはじまっている。第３の繊維「合成１号」は、１９３９年に日本で誕生している。

電気通信工学の研究者で、いまもっともノーベル物理学賞に近い日本人といわれている西澤潤一氏（元東北大学総長、岩手県立大学学長、首

桜田一郎

都大学東京学長などを歴任）は、「戦後日本が生み出した産業技術の中で、もっとも世界に誇れるものはビニロンである」と言っている。

夢の合成繊維を開発したのは、「ビニロンの父」と呼ばれる桜田一郎京都大学教授である。1904年元日に桜田家の長男として京都で生まれる。父は仙台藩士の子、新聞『日本』の記者として、日清、日露戦争に従軍記者として参加したこともあり、戦地では記者仲間であった正岡子規《まさおかしき》、戦後政界に入ってからは犬養毅《いぬかいつよし》らとの付き合いもあった。

一郎は京都一中、三高から京都帝大工学部工業化学科に進学する。同時代の工学部の学生であれば飛行機や飛行船にもまさる大発明に憧れ、進取の精神にあふれていた。大正期に入ると、化学はますます世界から注目され、人気ある最先端技術の花形だった。

一郎が京大工学部工業化学科に入った当時、日本石油化学の権威である喜多源逸《きたげんいつ》教授の燃料化学研究室が人気で、優秀な化学者を輩出している。一郎もその門を叩く。日本初のノーベル化学賞受賞者の福井謙一も同門で、14歳年下の後輩となる。

一郎はセルロース系の化学繊維であるビスコース人絹の基礎研究に没頭し、卒業後も喜多教授の理化学研究所で研究を続けた。1928年、一郎は理化学研究所の研究生として3年間ドイツへ留学。ライプツィヒ大学のヴォルフガング・オストヴァルト教授にコロイド化学を、ベルリンにあるカイザー・ヴィルヘルム化学研究所（現在のマックス・プランク研究所）のクルト・ヘス教授の下でセルロース化学を学んだ。

１９３８年10月27日、ニューヨークのヘラルド・トリビューン会館で、天然繊維に代わる初の人工合成繊維ナイロンがアメリカ・デュポン社研究員のウォーレス・カロザースによって開発されたという発表があった。そのニュースが入ってきたとき、日本では絹糸業者ばかりでなく、国家存亡の危機とまで受け留められた。というのは、当時、日本の主要産業であった絹糸は世界生産の約８割を占め、そのうちの約８割がストッキング用としてアメリカに輸出されていたからだ。

そのショックを受けて、日本の繊維業界は産学あげて合成繊維の研究開発に全力疾走した。ナイロンにつぐ第2、第3の合成繊維の開発に躍起となった。

国産初の合成繊維（合成1号）の開発に成功したのは、デュポン社が「ナイロン」を開発した翌年の10月2日である。その後、１９４１年には、産学官共同による国策研究機関として「日本合成繊維研究協会」（現在の高分子学会）が設立される。初代理事長には、当時の商工省（現在の経済産業省）の岸信介次官、副理事長には桜田の恩師、喜多源逸教授が当たることになった。

やっと戦後になって、桜田一郎と倉敷レイヨン（現在のクラレ）と大日本紡績（現在のユニチカ）との共同プラントによる「合成1号」の量産化に成功する。１９５０年に「合成1号」

が正式に「ビニロン（vinylon）」という名前で発売された。

ビニロンは、合成繊維の中でも唯一、吸湿性があるため、綿に似た性質を持つ。また強度が高く熱に強いことから、学生服や作業服、レインコート、ロープ、外科用縫合糸などに使用されており、さらにフィルム状にして液晶の偏光板に利用されるなど、現在も人類の生活を支えている。

桜田一郎は、１９３５年から67年まで京都大学の教授を務めている。繊維化学科の創設をはじめ、日本化学繊維研究所、日本放射線高分子研究協会の創設にも協力し、京大の工学部長、総長代理をはじめ、繊維学会会長、高分子学会会長、日本化学会会長なども歴任した。66年にはＩＵＰＡＣ（国際純正・応用化学連合）主催の国際高分子化学シンポジウム組織委員長として日本初の国際会議を開催している。

「有機化学」や「高分子化学」という新分野が化学の世界に入ってきたのは、１９２０年代のドイツであった。30年代に入ってアメリカで、その典型的な合成がそれぞれ確認された。ことにアメリカでのナイロン開発の成功が発表されてから、世をあげて合成高分子時代に突入した。

桜田一郎は、日本だけでなく、世界的にもこの高分子化学分野の基礎研究のパイオニアの一人でもある。

高分子化学を創始したのは、ドイツのノーベル化学賞を受賞したシュタウディンガーであるが、高分子の大きな特性である粘度特性を解明する「シュタウディンガーの粘度式」に代わる、より包括的な粘度式を確立したのは、桜田一郎である。それは１９４０年に日米欧でほぼ同時発表したもので、３人の研究者の名前をとって「マルク・ホウインク・桜田（Mark-Houwink-Sakurada）の粘度式」と呼ばれ、世界高分子化学者の間で広く用いられている。

高分子化学の分野では、一郎の後に続いた福井謙一や野《の》依《より》良治《りょうじ》らがノーベル化学賞を受賞している。

第４章

未知の世界に挑んだ日本の天才

「彼（今西錦司）こそ、霊長類学の父でした。それだけは断言できます」

チンパンジー研究の世界的権威・ジェーン・グドール博士

学者・登山家・探検家として前人未到の世界を切り拓いた男たち

大航海時代から500年近く経った19世紀末、アフリカ大陸の分割もほぼ終了し、列強の時代を迎えた。5大陸と7つの海、そして島々にいたるまで、新しい移民で埋め尽くされつつあった。

地球上では空間革命が達成されたものの、それでもなお多くの未解明の謎が残っている。19世紀末には満州、蒙古、西域から人類最後の秘境チベット、東洋最後の秘境といわれる朝鮮半島などがあった。「悪山毒水蛮雨」といわれる暗黒未開の「化外の地」台湾もその一つである。

開国維新後、進取の精神に富み、冒険心の強い日本の博物学者や科学者たちは、未知の世界への冒険心を大いに掻《か》き立てられた。20世紀に入ると、残された最後の未知の世界の一つとして、高山・絶壁や南北極が後世の科学者たちの好奇心を惹《ひ》きつけた。

戦前戦後の90年間で、生態学者、人類学者として、そして登山家としても独自の世界を切り拓き、日本の霊長類研究を世界最高峰に引き上げ、

ジェーン・グドール博士
（原典：Self-published work by Jeekc）

しかも個性豊かな後輩を育てたという特異な人物は、今西錦司《いまにしきんじ》をおいて、ほかには見当たらない。錦司の山登りの仲間や後輩には、川喜田《かわきた》二郎、梅棹《うめさお》忠夫、中尾佐助《さすけ》など多くの個性ある学者がいる。

今西錦司は１９０２年、京都西陣の織元「錦屋」の長男として生まれ、屋号の一字をとって命名された。「錦屋」を興した祖父の平兵衛は、１８９０年にイタリアのコモ市で開かれた絹織物博覧会で見たフランス製織機にヒントを得て、帰国後、西陣で新ジャガード織機を考案した。それが広まり、西陣の名を高めたといわれる。当時「錦屋」には、祖父母、番頭、丁稚など総勢30人もおり、この大家族の中心が祖父だった。錦司は、「私の場合、リーダーの最高のモデルは祖父だった」と言っていた。

錦司が最初に登った山は愛宕山で、13歳のときだった。以来、90歳まで長い人生で登り続けた山は１５５２座に上る。まさに「生涯一登山家」だった。最後に登った山は１９８７年の暮れ、４人に付き添われて登った神戸、西宮両市の境にある高丸山（３６６メートル）だった。

錦司の登山人生を振り返ってみると、５００座に約50年を要したのに比べ、それからわずか10年で１０００座に達している。１０００山から

今西錦司

7年後の1985年には1500座制覇を達成した。年老いてからの登山への思いは、驚異的というよりも執念だったといえる。

錦司は西陣小学校から京都一中、三高を経て、1925年に京都帝国大学に進んだ。農学部農林生物学科を選んだのは、山登りのためだったと自ら語っている。京大教授を63歳の定年で退官した後、岡山大学教養部文化人類学教授になったのは中国山脈の山々に登りたいから、岡山大学を65歳で退官後に岐阜大学学長の誘いをすぐに引き受けたのも、じつはあの岐阜大垣の背後にそびえる美濃の山々が魅力だったからだと、日本経済新聞の『私の履歴書』で告白している。

京都一中の山岳部に入った錦司は、登山隊の組織者、企画者としてリーダー的存在だった。初登頂競争を繰り返す一方、外国の山岳図書を読み漁《あさ》り、さらに氷河や昆虫関係の山岳研究論文を著した。錦司にとって、読書と行動と論述とは常に三位一体のものだった。

日本国内の山々のみならず、大学院時代からヒマラヤを目指して京都大学学士山岳会（AACK）を組織した。その後、樺太《からふと》の東北山脈踏破、朝鮮半島の白頭山《はくとうさん》遠征、内蒙古草原の踏査《とうさ》を達成した。

1938年に京都探検地理学会を設立した後、ポナペ島（現在のミクロネシア連邦のポンペイ島）探査、中国の大興安嶺《だいこうあんれい》縦断、1944年に西北研究所所長として中国の張家口《ちょうかこう》へ赴任した際には内蒙古草原の奥地調査を行った。

戦後から1951年に生物誌研究会を設立して、ヒマラヤのマナスル峰登山隊を組織し、自らヒマラヤを踏査した。55年には京都大学でのカラコルム・ヒンズークシ山脈の学術探検、1961年から3度にわたるアフリカ学術調査などを行っている。

「なぜ山登りをするのか」という登山愛好家の質問に対し、「そこに山があるから」とマロリーの言葉を引用した禅問答らしい「名答」がある。錦司は、登山の途中で眺める景色はもっとも美しいと讃嘆《さんたん》していた。

「今西美学」については、錦司ともっとも近い関係にあった梅棹忠夫が『今西錦司全集』の「第一巻　解題」の中で、「先生の心のなかには、まったく外からはうかがうことのできない、独特の、強固の美意識があって、その特殊美学がすべてに優先し、すべてを圧倒させるのである」と書いている。

一人では山を登れなくなった晩年でさえ、1500座以上の山を目指した錦司。その目指したものとは、「美の完成」だったのではないだろうか。

一方、学者として錦司が最初に世に問うたのは、京都帝大理学部で無給講師をしていたころに発見したカゲロウの「棲《す》み分《わ》け」現象から導いた「種社会」という概念であった。他の生物にも人間と同様に「社会」を見出し、「生物社会学」という新分野を確立した。『生物の世界』

（1941年）はその処女作で、やがて『生物社会の論理』（1949年）で明示され、人々を魅了した。

学者として錦司は昆虫学からスタートして、生態学、生物社会学、霊長類学、自然学と領域を移り、広げていく。

京大退官直前の1967年に国立大学共同利用研究機関として霊長類研究所が京大に敷設された。場所は、犬山市の日本モンキーセンターの隣接地にある。全国から霊長類の研究者を集め、生態と社会の2部門を設けたのはきわめてユニークであり、世界最高水準の研究成果を出して注目を集めている。

戦時中の内蒙古調査で生まれた「群れ」への関心は、戦後、宮崎県串間《くしま》市の都井《とい》岬でのウマ調査につながり、さらにサルの調査からサルの「社会」と「文化」への関心、そして世界に誇る霊長類の研究に到達した。

現役引退後から、錦司はダーウィン批判に取り組み、『私の進化論』（1970年）や『主体性の進化論』（1980年）などを著し、「今西進化論」として注目された。

錦司はカゲロウの生態の観察から「種の社会」を発見、多様な生物が同じ場所で生きるために競争を避け、住む場所も棲み分けながら進化してきたという「棲み分け」の理論を唱え、山登りと自然調査に基づいて、ダーウィンが唱えた自然淘汰《とうた》、突然変異という進化論は自然への冒瀆《ぼうとく》だと批判し、晩年になってさらに自説への自信を深めていく。錦司が最後に到達した「自然学」は西田幾多郎哲学と田辺元《はじめ》哲学の影響が強いともいわれる。

1992年に今西錦司博士は老衰で世を去る。享年90である。

梅棹忠夫から見た錦司は、学術探検のリーダー的パイオニアであり、探検家として行動しながら青年たちと深夜まで対等に知的論争を続けていた研究者であった。行動する読書人でもあり、キャンプ地に到着してから隊員たちがテントの設営や食事の準備に忙しく立ち働いている間、彼は折り畳み椅子に腰かけて暗くなるまで泰然として読書に耽《ふけ》っていたという。彼の強靭な思索力は、一つには読書の幅の広さや量の多さからくるものだったのだろうと驚嘆していた。

錦司は組織者として数多くの学会や探検隊をつくっただけでなく、終生パイオニア精神を貫いた。その比類なきリーダーシップの源は権力でも威圧でもなかった。それは判断力のよさとそれに対するフォロワーたちの信頼の上に成り立っていたのであると、梅棹は『フォト・ドキュメント　今西錦司　そのパイオニア・ワークにせまる』（梅棹忠夫、斎藤清明共著、国際花と緑の博覧会記念協会）の中で述懐している。

今西と並び、科学者にして技術者、さらには探検家、作詞家とマルチな活躍をしたのが西堀《にしぼり》栄三郎《えいざぶろう》である。戦後日本の飛躍的工業発展に寄与しながら、第1次南極観測隊の副隊長兼越冬隊長も務めた。

哲学者西田幾多郎と禅学者鈴木大拙《だいせつ》の２人の関係は、今西錦司と西堀栄三郎の関係ときわめて似ている。幾多郎と大拙は同世代で、ともに日本的思索の世界に入り、錦司と栄三郎は同年代で、ともに行動的な学者であった。

西堀栄三郎は１９０３年、京都市中京の裕福なちりめん問屋の５人兄弟の末っ子として生まれている。京都一中で今西錦司と同級生になった。２人は一中４年生のとき、山好きな同級生に呼びかけ、「青葉会」というメンバー10人の登山グループをつくった。錦司が音頭をとり、みんなで競い合って山城・京都の30山制覇を目指した。

１９２１年、２人は三高でまた一緒になった。22年には桑原武夫（仏文学者）、四手井綱彦《しでいつなひこ》（物理学者）らが京都一中から入学して、山好きな学友たちがまたそろって、三高山岳部を発足させる。後年、西堀は、今西の２番目の妹美保子と恋愛結婚し、今西の義弟となった。その妻から「あなたは兄と私とどちらが好きなの？」と問い詰められるほど、西堀と今西は親しかった。

また西堀は、「雪山讃歌」の作詞者としても知られている。

西堀栄三郎

西堀は1928年に京都帝大理学部化学科を卒業した後、京大講師となり、真空内科学反応に関する研究を手がけた。36年に「分子線による科学的研究」で理学博士号をとり、助教授となった。同年京大から東京電気（現在の東芝）に入社し、技術者として真空管の研究開発にたずさわり、39年末から翌夏にかけて、真空管製造のために渡米。終戦直前の44年には真空管「ソラ」、翌年には半自動の真空管製造機械「イザリマシーン」を発明した。

1949年に東芝を退職し、コンサルティング・エンジニアとして「技術に関するよろず相談所」を開設した。工場の統計的品質管理の普及に努め、その分野では世界的権威として活躍し、54年には総合品質管理の進歩に功績のあった民間や個人に授与される「デミング賞」を受賞している。この間、東海大学教授、電電公社武蔵野電気通信研究所特別研究室室長を経て、56年から58年まで京大教授を務めた。

西堀には、科学者としての人生のほかにも、探検家としての人生もあった。

一中時代からスキー、登山に傾倒し、三高時代には1年のうち100日以上を山で過ごすまでになる。三高の山岳部時代には、北岳、間ノ岳《あいのだけ》、仙丈ヶ岳《せんじょうたけ》の積雪期初登頂をはじめ、数々のパイオニア・ワークを成し遂げている。

1931年に西堀ら三高山岳部の卒業生たちが中心となって創設したAACKでは、ヒマラヤのカブルー（7338メートル）遠征を目標に据え、厳冬期の富士山で予行訓練していたが、満州事変でカブルー登頂の計画は中止になった。それでも翌年から樺太探検、朝鮮の最高峰白頭山（２７４４メートル）の冬期登頂に挑戦し、頂上付近がマイナス40度という酷寒の中、白頭山登頂に成功する。

戦後、世界最高峰エベレストの初登頂をはじめ、８０００メートル級の処女峰は次々と征服されていく。未知なる領域を目指すパイオニアである西堀は、１９７３年に70歳の高齢でヤルン・カン（カンチェンジュンガ西峰、８５０５メートル）の遠征隊長として初登頂に成功。80年には日本・中国合同チョモランマ登山隊の日本側総隊長として北東稜および北壁から登頂に成功している。

もう一つ、西堀の人生で忘れてならないのは、１９５６年に日本学術会議が派遣した第１次南極観測隊の越冬隊長として活躍したことである。西堀にとって南極は、11歳のときに白瀬矗《しらせのぶ》中尉の南極探検記録フィルムを見て以来片時も忘れたことのなかった憧れの地であった。また、西堀にとっては、南極越冬も山登りの延長だったに違いない。

57年2月から翌年2月まで、西堀は10名の隊員とともに東オングル島の昭和基地で越冬した。越冬中にもっとも苦しかったのは「未知からくる不安」だったと後に語っている。

未知の世界に踏み込むときの計測不能な「想定外」の危険を少しでも減らすため、雪上車のほか樺太犬による犬ゾリ、風力発電機などの「窮したときには創意工夫」の精神を発揮し、オーロラの観測、宇宙塵の研究など多くの成果を持ち帰った。そして、地質調査でピッチブレンド（せきれいウラン鉱）を発見したことは画期的なものだった。

「隊長と隊員計11人の異なった性格の人々が力をあわせた場合、得られる力は『和』の形ではなく、『積』の形となるのだ」という西堀の言葉は面白い。

帰国後は日本原子力研究所の理事に就任し、「より安全な原子炉」の開発に努め、65年に日本原子力船「むつ」の建造に取り組んだ。

その一方で、南極横断を夢見る植村直己《なおみ》の有力な支持者でもあり、植村に六分儀など天測装置の使い方を教えたのも西堀であった。

明治36年に生まれた西堀は、激動期の大正、昭和を日本人としては破格な人生を生きてきたといえるだろう。

西堀は三高の1年生のとき、来日したアインシュタイン博士の通訳兼案内役として京都・奈良見学に3日間同行している。そのとき、アインシュタインは「誰もやったことのないことをやりなさい。一番大事なことはやってみる勇気なのだ」という言葉を西堀に残したという。自伝の

西堀さん、
誰もやったことのない
ことをやりなさい。

アインシュタイン

中で、そのときのことを次のように書いている。

「私にとっては心の革命を起こさせられた有意義な出会いであった。それは、アインシュタインといえども決して特別な人間ではなく、彼が修めた学問でも、やれば私にもできるかもしれないという信念をもてたことであった」

西堀は、平成元年（１９８９）、86歳で世を去った。京都一中以来の終生の友、今西錦司より３年早い旅立ちだった。

「(高木貞治の類体論は) 青年期の私にとって、もっともすばらしい『精神の高揚』をおぼえたものでした。『偉大な数学者』という印象を受けました」

ヘルムート・ハッセ (ドイツの数学者)

世界に認められた「数学の神様」たち

「ゼロ」を発見したインド人は「数学が強い」というイメージがある。ＩＴ産業の分野で、インド人が世界的に活躍していることについては、メディアでも近年よく取り上げられている。数学が強いのは別にインド人だけではない。日本人も昔から強かった。前著『世界から絶賛される日本人』（徳間書店）の中にも書いたが、江戸時代に商業文化が花開いたとき、数学や計算に関する民衆の関心が高くなって、日本独自の数学「和算」が大いに流行した。西洋の数学に引けを取らない高度な内容だった。吉田光由、沢村一之、田中由真といった優秀な研究者が生まれている。中でも「算聖」と呼ばれた関孝和は、和算のみならず時代を超えた数学の天才だと称されている。

では、西洋数学のほうでは、日本人の頭脳はどうだろうか。

開国維新後の日本は「文明開化」の掛け声の中で「そろばん」以上に西洋数学に憧れ、取り入れようと懸命だった。日本の数学は菊池大麓《だいろく》、藤沢利喜太郎《りきたろう》、高木貞治《ていじ》という系譜を経て、世界の数学界に花を咲かせたのである。

西洋数学の導入者、菊池大麓は幕末に有名な洋学者であった箕作阮甫《みつくりげんぽ》を祖父に持ち、箕作阮甫の三女つねと養子菊池秋坪《しゅうへい》の次男として生まれた。

11歳で幕府の命でイギリスへ留学するほどの俊英であり、明治に入っても再度かの地に入り、ケンブリッジ大学で学んだ。あわせて9年間をイギリスで過ごし、西洋数学を本格的に勉強した最初の日本人である。

ケンブリッジ大学では、数学と物理を学んだが、数学では常に首席であったため、イギリス人学生から嫉妬の目で見られていたという。

あるとき菊池が風邪をこじらせて数学の講義に出席できないことがあった。そのときイギリス人学生たちは、菊池が欠席したときの講義ノートを貸さないようにしようと申し合わせた。菊池の成績を首席から引きずり下ろして、いつも次席であるイギリス人ブラウンを首席に押し上げようとしたのだった。ところが、ブラウンは毎日菊池の病室に見舞いに来ては、ノートを清書して渡してくれたのだという。そのおかげで首席を守り通すことができた。菊池は生前「ブラウンの高潔なイギリス魂ほど私を感動させたものはない」と語っていた（本田靖春『現代家系論』文藝春秋社）。

帰国後、1877年に22歳で開設されたばかりの東京帝大理学部の教

菊池大麓

藤沢利喜太郎

授となった。初めて登壇した日本人数学教授である。以後帝国学士院会員、文部省文部次官、東京帝大総長となって、１９０１年には第１次桂内閣の文部大臣となった。

日本の数学者で、文部大臣にまでなったのは菊池ただ一人である。翌年、ロンドンで調印された日英同盟の陰の協力者であり、その貢献により03年に男爵の爵位を授けられている。

その後、学習院院長、京都帝大総長、帝国学士院院長、17年には理化学研究所の初代所長を歴任し、この年に世を去った。

菊池大麓が西洋数学の導入者、教育者として、１８８８年に著した中等学校の教科書『初等幾何学教科書』（平面幾何学）は、ユークリッド幾何学を明確に述べたものとして、その後50年間にわたって、使用され続け、数学教育に大きな影響を残している。

藤沢利喜太郎は、現在の新潟県で幕府の御家人藤沢親之の長男として生まれた。

１８７６年9月幕府の開成所の後身である東京開成学校に入り、翌年同校は東京医学校と合併して東京帝大となる。藤沢は理学部で、数学、

高木貞治

物理学、星学（天文学）を修め、82年に物理学科を卒業した。卒業式の翌日、数学の菊池大麓教授に呼ばれ、ヨーロッパ留学をエサに数学専攻を勧められた。利喜太郎はあまり乗り気ではなかったが、祖母の勧めもあって翌年の春、ヨーロッパへ発った。

最初に西洋の数学科で正式に数学を学び、維新後の日本数学教育の基礎をつくったのは菊池であった。だが、それは学校教育の数学であった。数学のレベルとしては、当時ドイツが世界トップで、藤沢はまずイギリスのロンドン大学で数学の講義を短期間聴講した後、ドイツのベルリン大学で3年半学び、ドクトル（博士）試験に合格した。

帰国後の1888年、帝大理科大学教授となり、菊池の後を継いで、日本数学の大御所となった。

中等数学教科書だけでなく、日本の諸統計を用いた「本邦死亡生残表」を発表し、『生命保険論』を出版して生命保険業の発足に貢献、純粋数学を統計学などの応用数学の分野まで広げた。

また、西洋数学の研究者という立場でありながら、日本独自の「和算」を高く評価し、パリで行われた第2回国際数学者会議で和算に関する講演を行っている。

高木貞治は1875年、岐阜県大野郡数屋村（現在の本巣市）に生まれた。幼少のころから「神童」と呼ばれ、一色《いしき》学校では成績抜群で、飛び級して6年を3年間で終了している。岐阜尋常中学校で数学のテストは１００点以外を取ったことがなかったという。最年少であったが、首席を守り続けた。

１８９１年に同校を卒業し、京都第三高等中学校（後の京都大学）へ推薦入学した。三高で出会った数学の教授はドイツ留学の関数論専門の数学者河合十太郎《かわいじゅうたろう》教授である。94年には帝大理科大学数学科に無試験入学した。数学科に８人の学生が入学したが、卒業できたのは高木貞治と他の一人だけだった。そのときの数学科の教授は菊池大麓と藤沢利喜太郎だった。

１８９８年から３年間、高木貞治は文部省留学生としてドイツに留学している。ベルリン大学の数学科で、シュワルツの関数論、フックスの微分方程式論、フロベニクスの代数学、ヘンゼルの整数論などの講義を聞いた。その後、ゲッティンゲン大学で著名な数学者ダフィット・ヒルベルトの下で学んだ。

ヒルベルトは高木に対し、「お前は代数体の整数論をやるというが、本当にやるつもりか？」と尋ねたという。当時は代数的整数論はゲッティンゲン大学以外でやっているところはなく、東洋の片隅から来た高木などができるはずがない、といった懐疑であった。高木が「やるつもりです」と答えると、ヒルベルトは高木を家に招いて、さまざまな数学談義を行ったという逸話が残っている（高木貞治『近世数学史談』）。

帰国後、高木は東京帝大数学第３講座担任を命じられた。１９０３年理学博士の学位を得て、翌年教授に昇進した。

1914年に欧州大戦（第1次世界大戦）が起こり、日本も対独宣戦し、ドイツから数学研究の最新情報が日本に入ってこなくなった。それは高木が「自分で考える」契機となり、「高木類体論」を創出する機縁となる。

欧州大戦後の20年に高木のドイツ語論文「相対アーベル数体の一理論について」、さらに2年後、「任意の代数的数体における相互法則について」を東京帝大理学部紀要に発表した。

25年のドイツ数学者協会年会で、著名な代数学者であるハレ大学教授ヘルムート・ハッセは、高木の「類体論」を世界に紹介し、詳細にその正確性を論証した。そして、高木の類体論により、70年以上にわたって世界の数学者の頭を悩ませ続けた「クロネッカーの青春の夢」と呼ばれる数学の難問が、一挙に解明したのである。

その後、高木はノルウェーの数学者アーベル没後100周年記念に当たる29年に、オスロ大学から名誉博士の称号を受けた。32年には第1回フィールズ賞の選考委員に指名され、代数的整数論の国際シンポジウム

ヘルムート・ハッセ

で名誉議長を務めた。

日本の天才的数学者の一人として、数学界に花を咲かせただけでなく、さらに正田《しょうだ》建次郎（文化勲章）、小平邦彦（フィールズ賞、文化勲章）ら国際的に多くの知名な日本人数学者を育てた。

高木類体論の紹介者ヘルムート・ハッセは、高木とその業績について、「青年期の私にとって、もっともすばらしい『精神の高揚』をおぼえたものでした。『偉大な数学者』という印象を受けました」と語っている（「世界に認められた数学者」――聞き手・木田欽哉『日本の「創造力⑩」』ＮＨＫ出版）。

「コーネル大学には世界各国の優秀な頭が一堂に集められているが、日本人の脳だけがないので、(牧野)博士の頭脳がここに予約されたのだ」

ニューヨーク・コーネル大学教授パペーズ博士からの依頼

小学校を２年で中退した「植物分類学の父」

豊かな自然に恵まれた日本には、植物の種類も豊富である。しかし、日本で植物学が盛んになったのは、江戸時代に入り、主に薬用として植物が研究されるようになってからである。

当時は「本草学《ほんぞうがく》」と呼ばれていたが、主なテキストは中国の明代に書かれた李時珍《りじちん》の『本草綱目』であった。しかし当然のことながら、中国と日本の植物は異なる。そのことに着目し、日本の植物を丹念に拾い集めたのが貝原益軒《かいばらえきけん》であった。貝原益軒は、日本中を歩きまわり、さまざまな植物を収集、１７０９年に『大和本草』という書籍にまとめた。

日本の植物は海外の研究家も惹きつけた。ドイツ人医師エンゲルベルト・ケンペルは、１６９０年から長崎のオランダ商館付きの医師として日本を訪れ、２年にわたり滞在し、植物の収集と研究を行った。ケンペルは江戸参府にも同行、その様子を『江戸参府旅行日記』（東洋文庫）として記している。

牧野富太郎

ケンペルは帰国後『日本誌』を著し、彼の死去後の1727年からヨーロッパ各地で出版されると、大きな話題となった。ゲーテやカントらも愛読し、19世紀におけるジャポニズムにつながったのである。

その後、さまざまな研究者が日本を訪れ、日本の植物がヨーロッパに渡ることになる。東京大学総合研究博物館教授の大場秀章氏によると、華麗で優美なヨーロッパ庭園にある植物の多くは、このころ日本から渡ったものであるという。

その一方で、日本では1803年に小野蘭山《らんざん》が75歳で『本草綱目啓蒙』という日本最大の本草書を出版した。これを後に入手したシーボルトは、蘭山を「東洋のリンネ」と賞賛している。

その後の幕末期には、蘭山の弟子である飯沼慾斎《よくさい》が『草木図説』を執筆、出版直後から植物学者のポール・サバティエやアドリアン・フランシェ、カール・ヨハン・マキシモヴィッチなど、海外から高く評価された。

そして明治に入り、日本の近代植物学の基礎を築いたのが、牧野富太郎である。

世界的に著名な植物学者の牧野富太郎は、明治維新前の1862年に高知県佐川村で生まれ、戦後の1957年に世を去る。94歳だった。もし伝記に書かれているように、12歳で小学校に入学し、2年後に中退してから植物採集に明け暮れるという人生であったとすれば、好きな植物学研究一筋の生涯は、じつに80年以上にも及ぶことになる。

もし孔子が自らの人生の節目を語るように「四十にして不惑、五十にして天命を知り、六十にして耳順《じじゅん》（人の言うことを素直に聞けるようになる）、七十にして心の欲するところに従い、矩《のり》を踰《こ》えず（自分の思うままに行動しても正道から外れない）」なら「八十、九十の人生はいったい何を知り、何をきわめるべき」なのだろうか。

牧野富太郎は１８８９年、帝大の植物学者大久保三郎とともに、新種のヤマトグサを発見して、はじめて国際的学名を命名した日本人としても有名である。その数は新種１０００点、新変種も入れると１５００点にも上る。生涯をかけて採集した標本はおよそ50万点にもなる。

私がはじめて牧野富太郎の名を知ったのは、日本の本草学、植物学からではなく、台湾の博物（動植物）誌からで、台湾産植物の中で「牧野」の名前がつくものが12種類もある。

牧野の植物一筋の人生は、ほとんどが独学だった。小学校を2年で中退しても、植物学者としての道を歩むことができたということ、開国維新の明治国家がそれを可能にさせたということは、この日本という国の素晴らしさが、まさしくそこにもある。

牧野は高知の酒造家の生まれで、武家の出身ではない。小学校中退で、四国の山野を歩きまわり、草花を観察、採取する生活を送ってきた。それから19歳で友人と二人で上京し、22歳から帝大理学部植物学教室へ出入りするうちに、助手や講師の職まで得ることができた。

当時、帝大植物学教室の矢田部良吉、松村任三《じんぞう》教授ら学者から見れば、牧野は植物マニアで、知識があるので、研究協力には欠かせない人物だった。同時に、彼ら学者の地位と名声を脅かす不気味な存在でもあった。後年、マニアの牧野と学者たちの関係があまりうまくいかなくなったのは、むしろ「宿命」だったともいえる。

牧野は25歳で、東京植物学会（1882年創立、現在の日本植物学会）の矢田部良吉会長らのもとで、『植物学雑誌』を創刊した。著書としては、88年に26歳で『日本植物志図篇』（第1巻）を出したのが処女作である。当時、大久保三郎助教授は「只今、日本帝国内に、本邦植物図誌を書するべき人は牧野富太郎一人であるのみ」と評論している。まさに牧野富太郎が日本近代植物学の創始者ともいえる。

『日本植物志図篇』は11巻まで発刊されているが、すべてが自費出版だった。牧野のような植物分類学は、日本全国の植物採集の旅行だけではなく、世界中から集めた標本の比較や最新情報の入手も必要とする。それには莫大な費用がかかる。だから、あらゆる面で国公立大学の協力や家族の協力も必要不可欠となる。

牧野は大学の助手として、月俸15円で妻子を養いながら、植物の採集・研究を続けたが、生活は困窮した。妻は13人の子どもを産んだが、6人しか成人していない。

植物の採集・研究と大学研究室のむずかしい人間関係をめぐって、悪戦苦闘の生活の中で、最大の支えである妻寿衛子《すえこ》が55歳で世を去った。牧野は妻の苦労に応えるため、仙台で発見した笹の新種に「スエコ笹」と亡き妻の名を命名している。

１９３６年に朝日新聞社は、「文化日本のために絶大な貢献をなした功労者」として「朝日賞」を牧野に贈った。過去50年の植物研究の成果である『牧野植物学全集』を刊行したことに対する評価である。また、37年と48年には、コーネル大学のパペーズ教授から、死後に脳を提供してほしいという依頼があったと、自伝『牧野富太郎』に書いてある。その言葉が冒頭に掲げたものである。

39年の春、牧野は78歳で帝大理学部植物学教室を去った。辞めさせられたのだという話も「自伝」にある。もちろん彼はそれでも植物研究を止めない。50年に88歳にして日本学士院会員に推薦され、翌年に第1回文化功労者として文化年金50万円を受け、94歳で没するまでの3年間に5冊もの著書を立て続けに刊行している。死後、文化勲章が贈られた。

「日蓮ほどの偉物《えらぶつ》であったなら、きっと私は草木を本尊とする宗教を樹立してみせる」「植物を愛することは、私にとっては一つの宗教である」（『牧野富太郎』日本図書センター）とまで一徹できたことは、じつに感動的な人生である。

牧野が亡くなった翌年に、郷里の高知県に「高知県立牧野植物園」が開園している。その後、高知県の佐川町に「牧野富太郎記念館」、東京都練馬区に「練馬区立牧野記念庭園」、東京都八王子市の首都大学東京の中に「牧野標本館」が開設されている。

「パレルモでは、彼女の写実力のある花や果実の水彩画がすぐに認められた。彼女の想像力は無尽蔵であった。彼女はたくさんの生徒を持ち、その性格は彼女の才能同様、みんなから愛された」

クララ・アースキン・クレメント（美術史家）

イタリアに渡った日本最初の女性洋画家

１９１０年にニューヨークで開催された国際美術展で、婦人部門最高賞を受賞した日本人の女性洋画家がいた。彼女の名前は「ラグーザ・玉」という。さらにさかのぼって18年前、彼女は全イタリア美術展覧会で油絵女性部門の第1等グランプリを受賞している。

南イタリアのシシリー島の首府パレルモに暮らしているこの日本初の女流洋画家が、日本で広く知られるようになったのは、木村毅が玉の回想談話をもとに小説『ラグーザお玉』を大阪毎日新聞および東京日日新聞夕刊に連載（１９３１年1月）してからのことである。同年2月には東京銀座松屋と大阪白木屋で、「ラグーザお玉絵画展」が開かれている。

日本は才気ある女性を輩出する国である。『源氏物語』の紫式部や『枕草子』の清少納言はよく知られている。近代にも樋口一葉や与謝野晶子らが異彩を放っている。

ラグーザ・玉は幕末の１８６１年に江戸の芝新堀に生まれ、開国維新

ラグーザ・玉

から明治、大正、そして昭和10年代まで生き抜いた女流画家である。

彼女が終生の伴侶として選んだのはイタリアの彫刻家ヴィンチェンツォ・ラグーザ、玉より20歳年長である。彼女が生きた時代に、「異人さん」を伴侶として選ぶのは、決して絶無ではなかったが、現在とは事情が異なる場合が多かった。

すでに鉄砲伝来したころの種子島で、漂着したポルトガル人と結婚した刀匠、八坂金兵衛清定の娘若狭、もっともよく知られているのはプッチーニの歌劇にある「蝶々夫人」のモデルとされる、トーマス・グラバー夫人となったツル、ほぼ同時代に東京医学校教授だったドイツ人医師エルヴィン・ベルツ夫人のハナコ、オーストリア・ハンガリー帝国の駐日代理公使クーデンホーフ伯爵夫人の青山光子、ほかにもモラエス・ヨネ、モルガンお雪などがいた。

しかし、ラグーザ・玉のように夫唱婦随の芸術家はやはり稀有《けう》である。夫のヴィンチェンツォ・ラグーザは1841年にイタリア・シシリー島の首府パレルモに生まれた彫刻家である。イタリア統一の英雄ガリバルディ将軍率いる統一軍に身を投じ、除隊後の72年にミラノで開かれた全イタリア美術展覧会で、最高賞を獲得している。

1876年、日本初の国立美術学校である工部美術学校が開校した。その前年に絵画のフォンタネージ、建築家のカペレッティとともに彫刻家のヴィンチェンツォが3年契約の教師として招かれたのだった。玉との機縁はここからはじまる。

玉の生家は増上寺の「差配《さはい》」、つまり貸地、貸家などを管理する商売であった。新しい時代を迎えた後に広い庭に築山をつくって花園を経営し、園内には茶屋や大弓場などもあった。

玉は清原定吉《さだきち》の次女として生まれ、二つ上に姉の千代《ちよ》がいる。7、8歳のころから玉は絵に興味を抱きはじめ、12歳で日本画家の小林栄洲について本格的に修業をはじめている。腕の立つ弟子の一人として、たびたび師匠の絵画制作を手伝うこともあったという。

玉が工部美術学校の彫刻教師ヴィンチェンツォと出会ったのは、18歳のころである。師の栄洲が亡くなった後、玉は、ヴィンチェンツォについて絵を勉強するようになり、和画からじょじょに洋画へ変わっていく。洋画の修業は、ルネッサンス期のダ・ヴィンチ、ミケランジェロ、ラファエロなどの彫刻、絵画、デッサンの複製を模写するのが主で「ダ・ヴィンチなどに心をひかれて模写したのは、日本人では玉が最初では」ともいわれる。ヴィンチェンツォの名作「清原玉女」（「日本婦人」）という片方の乳房を出している胸像のモデルは玉で、彼女が西洋の芸術家のモデルになった最初の日本人女性ともいわれる。

玉とヴィンチェンツォは互いに惹《ひ》かれるようになり、1880年、工部大学校校長の大鳥圭介が仲人となって結婚式を挙げた。玉が19歳、ヴィンチェンツォが39歳のときであった。そして、その2年後、故郷に工芸学校を設立したいというヴィンチェンツォの夢を実現するため、2人はイタリアのシシリーに向かった。このとき、工芸学校の教師として、刺繍《ししゅう》が専門の姉の千代と、漆器が専門の姉婿である清原英之助も同行している。

ラグーザは帰郷後、夢の一つだった日本の工芸技術をも伝習する工芸製作訓練校をつくったが、この私塾は、1885年にパレルモ市立工芸学校、さらに高等工芸学校に昇格した。また、イタリア建国の英雄ガリバルディの銅像を自分の手でつくりたいという、もう一つの夢も93年に完成をみている。

木村毅の『ラグーザお玉自叙伝』によれば、ヴィンチェンツォと玉はシシリー島でも結婚式を挙げている。1889年にシシリーの名門スカレア公爵夫妻を媒介人にして、パレルモのカトリック寺院で催された。そのとき、玉はエレオノ・ラグーザと改名している。

玉はイタリアに渡ってから、ヴィンチェンツォの勧めでパレルモ大学の美術専攻科に入り、洋画の修業を重ねた。玉はシシリーに永住するつもりで日本を発ったのではなかったが、それからイタリアで半世紀以上も生活することになってしまった。

しかし、玉の名前はイタリアで大きく知られることになる。1889年に南イタリア美術展覧会で入賞し、さらに1892年のイタリア全国大博覧会の美術展でグランプリを取るなど、イタリア国内で名声を博していくようになる。

19世紀末から20世紀初頭にかけての美術史家、クララ・アースキン・クレメントは、著書の中で玉について、「パレルモでは、彼女の写実力のある花や果実の水彩画がすぐに認められた。

彼女の想像力は無尽蔵であった。彼女はたくさんの生徒を持ち、その性格は彼女の才能同様、みんなから愛された」と述べている（『Women in the Fine Arts, from the Seventh Century B.C. to the Twentieth Century A.D.』Echo Library）。

また、イタリアにコレラが流行した際に、ヴィンチェンツォは美術品を、玉は着物や絵を売って寄付を行い、病人を見舞い、老人の世話などを献身的に行ったことで、１８８８年にイタリアからヴィンチェンツォは功労銀勲章、玉は功労銅勲章を授与されている。

その間、父定吉が去り、母も去り、姉もこの世を去り、１９２７年にはヴィンチェンツォも85歳の生涯を閉じた。

日本に帰りたかったが、ローマの日本公使館の対応は冷たく、「お前はイタリア人と結婚したので、日本人ではないからここでは世話はできない」という返事だった。もちろん、それでも望郷の念は消えていなかった。１９３３年10月26日、日本に帰国した。日本を離れて51年。玉は72歳になっていた。

帰国後の玉は実家につくったアトリエで画家としての余生を送り続け、１９３９年４月５日、77年の生涯を閉じた。

東京・港区元麻布の長玄寺にはヴィンチェンツォ・ラグーザの弟子たちによって建てられた碑がある。

第5章 世界を変えた日本人の文化力

「わが国の新詞の大半は日本から輸入されたものだ」

1911年に中国で出版された『普通百科新大詞典』

中国語辞典の編纂に生涯をかけた日本人

日本人の文化創造力は、すでに平安時代にかな文字を中心とする新文化の創出によって、東アジア諸民族に国字の創出と独自の民族文化を花咲かせる触媒となった。

日本が８９４年に遣唐使を中止した理由については、多くの研究と考察があるが、ひと言でいえば、もう唐から学ぶ必要がなくなったからである。当時の日本文化はすでに中国を上回っていたことについては、多くの渡宋、渡元、渡明の僧によって語られている。

１０００年以上経って、開国維新後の日本文明は再び新しい波として東亜世界だけでなく、20世紀の歴史をつくったといっても決して過言ではない。

それは近代文明といわれる文物や制度にかぎらない。たとえば唐以後、１０００年以上にもわたって、中国ではすでに散逸していた古典の多くを日本から中国大陸に逆輸入していた。陽明学の著書もその一つである。中国古典の逆輸入については、拙著『近代中国は日本がつくった』（光文社、ＷＡＣ）に詳しい。

ことに「新造和製漢語」については、近代中国に対する影響力は、はかり知れないほどに大きい。「近代日本がなければ近代中国はない」といっても言い過ぎではないだろう。

たとえば、１９１１年（辛亥革命の年）に中国で出版された『普通百科新大詞典』の「凡例」には「わが国の新詞の大半は日本から輸入されたものだ」と書かれている。実際に今日の中国語は日常生活用語から、政治、経済、法律、自然科学、医学、教育、文化用語にいたるまで、日本語からの「借り物」の単語で満ち溢《あふ》れている。中国人の近代的生活は日本語の上に成り立ち、営まれているといってもよい。

たとえば、「文化」「文明」「経済」「資本」「科学」「文学」「社会主義」「共産党」などは日本から輸入した言葉である。こうした日本製の言葉は、現在の中国で８００語以上ある。

日本単語の導入で複合語が大幅に増加し、硬直化した中国語の表現に豊かさ、緻密《ちみつ》さがもたらされたことは、中国古典の文章と現代中国語を比較すればすぐわかる。

もちろん「新造和製漢語」や日本語の近代中国への影響は言語や文字にかぎらず、思想、哲学、文学、芸術にいたるまで近代中国をつくったのである。

「漢字」を発明したといわれるのは中国古代神話に出てくる「四つ目の

漢字を発見したといわれる伝説上の人物「四つ目の神蒼頡」

神蒼頡《そうけつ》」であるが、「新造和製漢語」は、幕末から多くの日本学者によって創出されたものである。たとえば、新井白石をはじめ、蘭方医の杉田玄白、明治前期の啓蒙思想家西周《にしあまね》、福沢諭吉など多くの先達《せんだつ》によって構想され、広がっていった。もちろん清国でも、厳復《げんふく》や梁啓超《りょうけいちょう》などが多くの新造漢語を創出したものの、じょじょに新造和製漢語に淘汰され、消えてしまった。

日中間の文字・文化交流の道具として、和漢、日華、日中字典の編纂《へんさん》をした人物で、よく知られているのは、『大漢和辞典』の諸橋轍次《もろはしてつじ》と字書三部作『字統』『字訓』『字通』で知られる白川静《しらかわしずか》である。

諸橋轍次の『大漢和辞典』について、小説家の吉川英治は「日本文化のバックボーンとなるもの」、言語学者の金田一京助は「漢字世界、真に空前の偉業、真に千古《せんこ》に輝く不磨《ふま》の金字塔と讃えても溢美《いつび》ではなかろう」と絶賛している。

というのも、『大漢和辞典』は親字数約5万、熟語数約53万、篆文《てんぶん》１万字、図版２８００枚、あらゆる漢字資料を収集し、清国の『康熙《こうき》字典』を上回る空前の巨著となっているからだ。１９４３年に第１巻が完

諸橋轍次

白川静

成したが、戦火によって焼失し、55年に初版刊行となった。全13巻が完成したのは60年である。版元の大修館と諸橋が出版契約を交わしたのが、戦前の１９２７年であるから、30年以上の歳月を費やしたことになる。諸橋はすでに77歳になっていた。さらに改訂版計15巻を発行するために2年以上の歳月をかけている。諸橋は82年、享年99で亡くなった。

字書三部作の白川静は、１９１０年福井市に生まれ、２００６年96歳で亡くなった。白川は大阪の私立京阪商業学校第二本科を卒業し、33年に立命館大学専門部文学科国漢学科に入学。36年に26歳で卒業し、43年に立命館大学予科教授となる。

『字統』を平凡社から刊行したのは84年、白川74歳のときである。さらに87年に『字訓』を刊行した。91年には『字統』『字訓』などの漢字研究の功績が認められ、菊池寛賞を受賞、96年に『字通』を刊行し、字書三部作を完成させた。98年には文化功労者として顕彰されている。漢字の字源について、未知の世界を切り拓いた日本漢字字源研究の第一人者である。

同字異音と同字異義の日中間の漢字、漢語を知るために、日中字義の研究と字典の編纂に精魂を傾けたもう一人の先駆がいる。それが井上翠《みどり》である。

日本最初の日中字典は、井上翠による『日清語辞典』（直筆の草稿全12巻）である。生涯の務めとして中国語辞典の編纂に携わり、中国語を学ぶ学生に辞書を提供することが最大の念願であった。戦時中、中国語を学んだ人のほとんどは彼の恩恵を受けている。

井上翠は1875年3月10日、旧姫路藩の書家井上松香の次男として生まれた。86年、県立姫路中学校に入学した。ところが92年、父の松香が他界したために、中学を5年で退学することになった。

そこで生活の手段として、小学校の教員になることを選んだ。もちろん、資格がないから、はじめは準教員だったが、95年には訓導の資格をとった。

しかし向学の志を抑えがたく、98年に上京して赤坂区中之町小学校に奉職した。その間、幼少の頃から学んだ書道を生かして、中等学校習字科の教員免許状を取り、翌年には国語漢文科の免許状を取得すると、各地の中学校、女学校から次々に招請が届いた。その間、彼は英語を学ぶために国民英語会に入り、さらに比較文法を研究するために必要なドイツ語を独逸《ドイツ》協会学校で学んだが、基礎的学力の不足に気づいた。

各地の中学校からの招請はまだ続いていた。井上にとって、亡父の負債が気になっていたので、1901年に郷里に近い龍野中学校に教諭兼舎監《しゃかん》として赴任した。在勤は1年だったが、最初の数カ月で亡父の借金をすべて返済し、墓碑まで建てることができた。

そこで翌年再度上京して府立第一中学（現在の日比谷高校）で国語を担任することになった。生徒の中には谷崎潤一郎や辰野隆《たつのゆたか》がいたという。奉職と同時期の02年9月、27歳のときに外国語学校清語科別科（夜間）に入学し、中国語で世に立つ決意を固めた。これには従姉妹《いとこ》二人が長崎の唐通事《とうつうじ》だった家に嫁いでいたという事情もあったが、英語やドイツ語では正規の教育を受けた者にはかなわないが、中国語なら第一人者になることも可能と考えたと思われる。

外国語学校清語科別科に入学した者は、約100名、2年に進級した者は15～16名、修了したのはわずか6、7名に過ぎなかった。井上は04年、29歳のときに修了したが、本当に中国語を習得するためには、中国に渡って勉強しなければならないという気持ちが強くなっていった。05年、中国語に専念するために府立一中を退職し、生計の助けにと『日華語学辞林』という辞典を編纂した。井上にとって最初の中国語辞書づくりだった。

ちょうどその頃、東京高等師範学校校長の嘉納治五郎は、中国留学生の教育のために弘文学院を創設した。06年、井上は友人の紹介でそこの日本語教員となり、日本語を教えるときに、難解な点を中国語で説明したため留学生に喜ばれた。また、清国では多数の日本人教師を招いていたが、女子教育に従事する女性教師も求められていたので、婦人教師を志す者を速成教育するため「東洋婦人会清国派遣女教員養成所」が設立された。入学資格は高等女学校卒業程度で、1年間中国語やその他の必要事項を教授された。養成所設立と同時に井上は中国語を担任した。

この両所での立場は、語学研究にとって恵まれた環境ではあったが、彼の希望は決して中国留学生の教育や婦人に中国語を教えるために生涯を捧げることではなかった。本格的に中国語を研究するために、どうしても中国に赴いて、現地で中国語をマスターしたかった。しかし、彼の経歴では正規の留学の機会を得ることは不可能であった。そのため、渡華のためにいろいろ苦心した末、ようやく京師法政学堂の日本語教習として北京へ赴くことができた。

彼は4年間北京に在任したが、ここでの授業は、中国語研究に大きなメリットがあった。彼自身次のように語っている。

「弘文学院で留学生に日本語を教えるにあたって、必要上、日華辞典の編纂を思い立ち、『言《げん》海《かい》』を参考本として仕事に取り掛かっている最中、招聘《しょうへい》を受けたので、その稿本を携えて北京へ行きましたが、『百聞は一見に如かず』で、内地で苦心惨憺《さんたん》の末やっと訳出した言葉も、事実に当面すると簡単に解決がつき、清国にはこの物はないと思って数十言を費やして説明を附した言葉も、眼前に実物を発見しては、唖然《あぜん》としたこともありました。何でも宝の山に入り手を空しくしてはならぬと、歓喜に満ちた努力は着々と捗《はかど》っていきました」

井上が強く渡華を望んだのも、中国語学習を現地でやりたいと欲したからだった。そのため北京在勤中は、寸暇《すんか》を惜しんで中国語学習に取り組んだ。『日華辞典』の編纂は、彼の当面の課題であったから完成を急いだ。当時、日本人教習の中で「長春亭にあそばぬものは、商法の某博士と井上だ」という噂が立てられたほど、中国語に熱中していた。総教習の巌谷《いわや》孫蔵《まごぞう》は彼の努力を認めて、原稿ができあがったときには、はじめから終わりまで眼を通して、彼の努力を評価したという。

1911年12月、井上は契約期間が満了して帰国した。井上は適当なポストが見つからず、せっかくの中国語力の蓄積も生かせないまま、広島中学に赴任することになった。彼自身広島での3年間を「受難時代」と呼んでいる。

やがて山口高等商業学校（現在の山口大学経済学部）に支那貿易研究科という専科が新設され、赴任することになった。最初の教授会で校長横地石太郎は『日華辞典』を紹介し、その出版にいろいろと配慮してくれた。『日華辞典』は1920年から印刷に取りかかったが、組み版が面倒なため時間がかかり、23年9月1日、関東大震災に遭い、紙型《しけい》（活版印刷で原版の複製をつくるための紙の鋳型）がすべて焼失して出版は頓挫してしまった。

普通は意気消沈するところだが、井上はかえってこれを「一大転機」とした。彼の原稿は清末に完成したものの、時代はすでに中華民国になっており、制度や言語もいろいろ変化していた。井上はこの機会に、旧稿に大々的な改定を加え、新しい語彙《ごい》を増やし、訳語を修正し、用語例を大幅に増加した。その結果、内容を一新し、新しい時代の要望に即応できるようになった。

この改訂増補が完了したのは、1929年であった。引き続き、副本を作成し、『日華辞典』が出版されたのは、31年5月のことだった。この辞典の編纂を開始してから、じつに26年が経過し、井上も56歳になっていた。

山口時代は、井上にとって恵まれた時代で、校長も辞典編纂に理解を示し、充分な余暇を与えてくれていたので、広島時代に着手した『華語大辞典』の編纂も順調に進捗し、山口時代の終わりには、『華語大辞典』の原稿もほぼ完成していた。

１９２２年春、井上は新設されたばかりの大阪外国語学校の初代教授に就任している。温厚篤実《とくじつ》、学究一筋のその姿勢は、学生たちから尊敬を集めていた。邵艶氏が発表した論文「戦前日本の高等教育機関における中国語教育に関する研究：大阪外国語学校と天理外国語学校を中心に」（神戸大学発達科学部研究紀要第12巻第1号２００４）では、井上の教育者としての様子を「中国語の授業においては、会話を重視するだけではなく、『学問』としての中国語学習を生徒に勧め、その深い中国語の学識および教授力は多くの生徒を魅了した」と書いている。

当時、学生が専門に中国語を学習するための適当な辞書がなく、教室で習ったことを忘れたら自分で調べるわけにもいかず、大いに不便を感じていた。そこで井上は、中国語辞典を早くつくらなければならないと

日華語学辞林

井上支那語辞典

痛感した。前述した華語大辞典の原稿の中から、身近な口語および文語（現代語のみ）を抽出し、学生の学習に役立つようにと27年に『支那語辞典』が刊行された。35年には、さらにこれを圧縮して『ポケット支那語辞典』を出版した。授業以外の時間は、もっぱら辞典の作成に従事していた。

１９３６年春、大阪外国語学校を退職し、再び山口高等商業学校の講師として勤務することになったが、翌年、『日華辞典』を圧縮して『ポケット日華辞典』を刊行した。当時の日本は中国熱が非常に高まっており、辞典の需要も多くなり、この辞典は大いに歓迎された。井上の最後の目標は、華語大辞典を刊行することであり、つねに原稿を手元に置いて、気づけばすぐに手を加えていた。

この大辞典の刊行はなかなか目処《めど》がたたなかったが、日中戦争が拡大するにつれ、中国語辞典に対する需要も急速に増加し、学生のためにつくった辞典だけでは充分ではなくなったので、41年には『支那語中辞典』を刊行した。さらに43年に『井上ポケット支那語辞典』、44年には『井上ポケット日華辞典』も出版された。

42年春に井上は、山口高等商業学校を辞して、姫路に隠退した。戦争末期になって空襲の危険を配慮した井上は、17巻６０００枚になる大辞典の原稿を守るために、亜鉛箱に収め、鉄板で覆い庭の一隅に埋めた。45年７月３日深夜の空襲で、姫路の中心部が完全に燃え、井上の家も戦火を免《まぬか》れることはできなかった。かろうじて大辞典の原稿だけは焼け残ったのだが、その後雨水で原稿が水浸しになり、一部分の文字が消滅したり、赤字が消え失せたりした状態になっていた。

しかし、井上はこの2度目の災難にも「自ら不幸中の幸いを慰めつつ、日々屋外広庭にてこれを乾燥し、破損せる箇所を繕《つくろ》い、湮滅《いんめつ》せる文字を修理すること数月に亘《わた》った」と述べている。

１９１４年に井上が筆を下ろしてから30年あまりを経て、大辞典の原稿はようやく原型に戻った。井上にとってこの大辞典の出版は、終生の念願であったはずであるが、ついに実現することはなかった。井上は１９５７年6月9日、82歳でその生涯を終えた。

学歴偏重の日本社会の中で、そしてエリートコースを歩むことができなかった井上にとって、英・独・仏語では正規の外国語教育を受けたものには到底かなわない。中国語ならば第一人者になる可能性があるという中国語研究への執念の結晶が、「日華辞典」の編纂であったのだろう。

「小川尚義は台湾のオーストロネシア系言語研究の基礎を築いた学者であり、小川の功績なしには、今日の台湾のオーストロネシア系言語研究が国際的に重視されることはありえなかった」

李壬癸教授（国際的に著名なオーストロネシア系言語学者）

新造和製漢語が東アジアの近代化をもたらした

現在の地球上には約1万、いや８０００、６０００、３０００の言語があるともいわれる。だが、じょじょに言語が減少しつつあることも事実だ。

近代国民国家は一民族一国家が理想とされるが、それは、ごく少数にとどまる。日本、韓国、朝鮮、ポルトガル、アイスランドなどを例外として、たとえば近代国民国家発祥の地である西欧でさえ、ベルギーでは北のオランダ語系と南のフランス語系に二分され、スイスは４つの公用語、中国は50以上の民族とそれ以上の言語、ベトナムも50、ミャンマーは50から１００以上ともいわれ、フィリピンはもっと多く、インドネシアはさらに多い。インドには数百の言語がある。

かりに３０００の言語という説が正確に近いとされても、近代国民国家は約２００しかないという現実から考えれば、単純計算だけでも現代世界は多言語・多民族国家が主流なのが常識ではなかろうか。

私は近代西洋の「語族」という表音文字による語系分類にはかなりの違和感を覚える。表音文字を使用する人間集団は語系による人間集団の分類が適用できるにしても、漢民族は表意文字あるいは表語文字である漢字を使用するので、文字が交信のメディアに使われるため、山一つ越えれば言語が通じない。語族よりも「字族」が正確ではないだろうか。

台湾は九州とはほぼ同面積の島だが、私の住む町でさえ、隣り近所が福州人、潮州人もいるので、共通語は台湾語と日本語で、友人の家に入れば、遊び仲間が親の話を通訳してくれるのが常識だった。

この小さな島だけでなく、小さな町でさえ多言語・多民族社会だったのだ。この島に最初にできた共通語が日本語で、最初に台湾語を教えたのは台湾協会学校（現在の拓殖大学）である。110年前の建校当初のカリキュラムを見ると、週に台湾語は7時間、英語は6時間、清国語（マンダリン＝標準語）6時間となっていた。カタカナ表記の台湾語表音の教科書をつくったのも同校であった。

日本領台初期は、台湾の言語を奪ったどころか、日本人に対しても台湾語学習を奨励していた。もちろんそれは台湾にかぎらず、朝鮮でも、アジア諸国に対しても民族言語の研究、体系化、教育に日本が並々ならぬ努力と貢献をしたことについては、戦後の学者でさえ日本人はあまりにも無知で、「言語を奪った」と決めつけてしまうことが多い。

言葉というものは変化するもので、明治、大正、昭和の時代だけでも、文体どころか日常用語までもが大きく変わっている。ことに戦後からは、死語やタブー語が増えただけではなく、外来語が巷《ちまた》に氾濫《はんらん》している。いまや音楽や芸能関係の刊行物の内容は、外来語なしでは語れないほどだ。

このように日常会話が激しく変化してしまうと、祖父母と孫とのコミュニケーションが難しくなってしまう。さらには、価値観の変化を引き起こし、双方の関係をギクシャクしたものにしてしまう恐れさえもある。

しかし、そうはいっても日本の場合は、同じ日本語である。祖父母と孫との間が多少ギクシャクしたところで、会話は成立する。ところが台湾の場合、問題はもっと深刻である。祖父母と孫とのコミュニケーションがまったく成り立たないケースが多いからだ。

台湾は多民族・多言語、多文化社会であり、基本的には中国社会と似ている。しかし、台湾の歴史は中国とはまったく異なり、中国の言語世界とも大きな断層がある。それが台湾の言語世界の特徴の一つだ。

19世紀末に日本語が、20世紀後半に北京・中国語が新たに入ってきた。こうして台湾には、台湾語族、日本語族、中国語族という複雑な言語世界が形成され、じつに複雑な言語状況にある。時代に翻弄《ほんろう》された小さな島における、近現代史の大いなる歴史の産物である。

清王朝による台湾統治の末期、官民における会話は、民（民間人）は漳泉《しょうせん》系の台湾語を話し、通訳にあたる吏（役人）がそれを官話（北京官話などの公用語、マンダリンともいわれる）に直して官に伝えるという形式だった。山岳民族との会話は、「通事」を通して行われた。このように、台湾島内ではまだ、それぞれが独自の言語を話しており、共通の言語はなかった。台湾の諸文化の上に、共通語としての日本語が登場し、台湾に居住するすべてのエスニックグループ（少数民族集団）に日本語教育がなされた。

台湾人にとって日本語教育は、社会科学や自然科学などの近代知識をもたらしてくれたツールであった。言語の成熟度は文化水準そのものである。明治以後、西欧近代の知識を取り入れてきた日本語がなければ、台湾住民は近代化されなかっただろう。中国語では、近代化など無理であったし、無縁であった。日本語は、まさしく台湾近代化のマザー・ランゲージだったのである。

日本人もまた、台湾人を教化するために台湾語をマスターしようとした。日本領台初期、官庁の警察官と師範学校教師には、台湾人教化のために台湾語学習が必要とされ、１８９５年12月18日、陸軍幕僚の大塚少尉が公的に台湾語学習を提案した。

そして、台湾語学習会が開かれた。そのときの講師は、国語学校教授の吉島俊明《よしじまとしあき》、台湾語指導は王星樵《おうせいしょう》と陳文渓《ちんぶんけい》の２人であった。『台湾文化志』の著者の伊能嘉矩《いのうかのり》も、この講習会で台湾語を学んでいる。

とくに、住民と直接接触する警察官は、台湾語が重視されるため、日本人の中でもっとも台湾語が堪能《たんのう》であった。これに比べ、戦後台湾に入ってきた国民党の警察官は、ほとんど台湾語ができなかったためにトラブルが絶えなかった。

戦後、最初の台湾省行政長官は浙江《せっこう》人の陳儀《ちんぎ》であったが、陳儀が主席として福建省を統治していたとき警察官はすべて浙江人であった。彼らは福建人と言語不通で、トラブルが絶えず、福建省民にとってはもっとも悲惨な時代であったといわれている。

日本領台初期の日本人の台湾語学習は、極めて熱心に行われた。１８９５年、学務課が杷連《はれん》徳《とく》と林瑞庭《りんずいてい》の２人を通訳として採用し、日本の領台初期には次のような多くの台湾語教材が出版された。

・俣野保和『台湾語集』（１８９５年7月18日）
・加藤由太郎『大日本新領地台湾語学案内』（１８９５年９月22日）
・佐野直紀『台湾土語』（１８９５年11月３日）
・水上梅彦『日台会話大全』（１８９６年２月17日）
・辻清蔵と三矢重松（訳）『台湾会話篇』（１８９６年３月15日）
・御幡雅久『警務必携台湾散語集』（１８９６年３月31日）
・田部七郎と蔡章機『台湾土語全集』（１８９６年４月11日）
・秋山啓之『実用日台新語集』（１８９６年９月25日）

・近藤常七学務課『臺灣十五音及字母詳解』（1896年11月8日）『臺灣適用會話入門』『作法教授書——臺灣適用』（1896年11月30日）
・保野和吉と高橋静虎『軍人用台湾語』（1897年8月25日）

この一例を見ただけでも、日本人の台湾語学習における熱心さが窺《うかが》える。日本領台から10年後の1905年、はじめて台湾全島の戸口調査が行われた。その調査では、日本人5万7335人のうち、台湾語が話せるのは629人であった。

1920年には、台湾初の国勢調査が行われ、日本人16万4335人のうち台湾語が話せるのは1万5760人、全体の約9・6パーセントである。20世紀初頭から台湾で暮らしていた日本人の約10パーセントが、台湾語を話す、あるいは台湾語が理解できた。なかでも警察官と学校教師は、台湾語を学習し実用化していたというのが現実であった。

戦後、台湾に入ってきた中国人は、台湾語を勉強しないどころか、台湾語を禁止し、消滅させようと北京語を強制した。学校で少しでも台湾語を話そうものなら、罰金や体罰、あるいは「私は台湾語を話しました」というゼッケンを付けさせて辱《はずかし》めた。

いまでも「台湾語」を「閩南語《びんなん》」や「福佬語《ホーロー》」、または「厦門語《アモイ》」と称する人も少なくないが、台湾語と閩南語は違うものだと、言語学者の王育徳《おういくとく》教授はかつて指摘した。また、篠原正巳《しのはらまさみ》氏も次のように主張している。

「厦門語は、たしかに泉州《せんしゅう》語と漳州《しょうしゅう》語の中間であり、台湾渡航への門戸として両語を混合させたものに違いないが、台湾のほうが先に両語を混合統合して使用していた。厦門語は、台湾語の延長であり、その申し子である。いわゆる『不漳不泉（漳州でも泉州でもない）』の言語は『台湾語』と称するべきだ」（『日本人と台湾語』）。

私もこれには同感である。現代の台湾語は、台湾の中で長い歴史を通じて、平埔《へいほ》諸族の言語を多少なりとも吸収しながら熟成された新生「不漳不泉」の混合語なのだ。

さらに、ここ１００年の間には、新たな外来語である日本語、中国語（北京語）、英語などの言語を吸収して、より独自性のある台湾語となっている。王育徳教授は、台湾語の特徴として、「不漳不泉」であることと、外来語の含有率が極めて高いことを挙げている。さらに、外来語の含有率は個人の教育、学識、年齢によって大きく変化しているとも指摘した。

台湾語と高砂《たかさご》族の研究で有名なのが、小川尚義《なおよし》である。彼は１８６９年、愛媛県松山市に生まれる。県立松山中学、第一高等中学（一高）を

小川尚義

経て、96年には帝国大学文科大学（東京帝国大学の前身）博言（言語）学科を卒業した。同年10月に台湾総督府学務部編集事務嘱託に任命され、台湾語研究を行った。

小川はその後、台湾総督府の学務部に着任し、高砂族の研究に没頭する。研究のために高砂族の村で生活したこともあったほどだ。小川の研究は緻密で周到であった。その研究結果をまとめた『台湾高砂族系統所属の研究』と浅井恵倫《えりん》との共著の『原語による台湾高砂族伝説集』が、1935年に台北帝大土俗人種学研究室より出版されると、その翌年に学士院恩賜《おんし》賞が授与された。

1907年発行の『日台大辞典』には、小川が考案した表記法が採用されている。小川はその後、総督府の指示により『台日大辞典』の編纂に着手した。これは20年もの歳月を費やしてつくられた渾身《こんしん》の大作である。上巻は31年3月10日、下巻は32年3月31日に出版された。上下巻あわせて1920ページに及ぶ巨著であり、収録されている語詞の総数は9万語あまりもある。これは、出版から1世紀近く経った現在でも、台湾語辞典の最高傑作とされている。

第11代台湾総督の上山満之進《かみやままんのしん》は、職を離れて日本へ戻る際、研究資金を台北帝大土俗人種学教室に寄付した。台北帝大はこの研究資金を全台湾の先住民族の言語学的な調査研究に充てた。当時台北帝大で教えていた小川は、日本にいた浅井恵倫を呼び寄せて協力させたのだった。

小川は1936年に退官し、その後を継いだ浅井は、当時すでに言語絶滅の危機に瀕していた平埔族の言語研究調査を何度も行った。80年の歳月を経た2005年に、平埔族の言語記録が、ようやく東京外国語大学と北海道大学の応用電気研究所の共同研究により、デジタル化技術を駆使して計2万2000枚もの写真、40巻の映像記録として整理されたのである。

小川は1930年から36年まで、台北帝大文政学部の教授を務め、この間、台湾先住民語について『パイワン語集』（1930年）、『アタヤル語集』（31年）、『アミ語集』（33年）を刊行した。1947年、78歳でこの世を去る。

国際的に著名なオーストロネシア系言語学者李壬癸《りじんき》教授によれば、「小川尚義は台湾のオーストロネシア系言語研究の基礎を築いた学者であり、小川の功績なしには、今日の台湾のオーストロネシア系言語研究が国際的に重視されることはありえなかった」と高く評価している。

19世紀末から、日本による近代教育によって、台湾文化に日本文化が加わった。特に国語、実学、師範教育に力を入れたことが、多言語社会の台湾に日本語という共通語をはじめてもたらす結果となった。

台湾人は、俳句や和歌などの日本文化を咀嚼《そしゃく》・消化し、1930年代からは日本語で小説を書く台湾人小説家が登場するほどであった。そのうち日本でよく知られているのは、終戦直後の『アジアの孤児』『泥濘《でいねい》に生きる』『夜明け前の台湾』の三部作で有名な呉濁《ごだくりゅう》流だろう。

ところが、台湾人日本語作家たちは戦後、思いがけずその筆を奪われることとなる。国民党政府による１９４７年の２・28事件以後の「白色テロ」（台湾の知識人への弾圧）体制下で、日本語が禁止されたのだ。しかし、どんなに禁止されても、日本語で育った世代の知識人たちが日本文化を忘れるはずがない。彼らは今でいう「日本語族」だが、現在でも俳句や和歌、川柳の愛好会をつくって日本語を使っている。日本で菊池寛賞を授与された『台湾万葉集』（集英社）は、その代表作を集めたものである。

もちろん台湾語のなかにも、開国維新後の新造和製漢語は数多く定着している。近代社会科学、自然科学の用語だけでなく、たとえば「日本精神《リップンチェンシン》」や「切腹《チェッパア》」まで台湾語になっている。

ここで着目したいのは、台湾語も日本語に負けず劣らず外来語の吸収力と造語力に富んでいるということだ。日常会話では、しばしば日本語の単語が出てくるし、若者たちはサブカルチャー用語として、もはや翻訳する手間を省いて日本語でも英語でもそのままどんどん使用している。現在のところ、中国では見られない現象である。

中国語に外来語を導入するのは非常に難しいことはわかっているが、そうはいっても、なぜ中国語と台湾語ではこれほどまでに違うのだろうか。理由は簡単だ。同種同系の言語ではないからである。台湾語は中国語と語順がかなり違う。それは、台湾語がアルタイ語の影響を受けていないからであろう。中国語と日本語・台湾語との語順が異なるものは次のようなものがあ

る（下が中国語）。運命／命運、紹介／介紹、苦痛／痛苦、後日／日後、敗戦／戦敗。
台湾語にはタイ語の基層部がそのまま使われているのだ。これだけでも、中国語と台湾語がいかに違うのかがわかるだろう。また、台湾では和製漢語が日本語と同じ意味で使われている。たとえば、「手形、切手、貸し切り、自動車、自転車」などは、日本と同じである。しかし、中国語になると、「手形」は「支票」、「切手」は「郵票」、「自動車」は「汽車」、「自転車」は「自行車」というように、まったく違う表現になる。

さらに台湾では、漢字から離れて日本のカタカナ語もよく使われている。表記には音の似た漢字を当てるのだ。「オバサン」は「欧巴桑」、「サヨナラ」は「沙約那拉」、「カラオケ」は「卡拉ＯＫ」、「カワイイ」は「卡哇伊」、「オデン」は「黒輪」などがいい例だ。李登輝《りとうき》元総統の愛用語として、頭が堅いということを「頭恐古里《あたまコンクリー》」というのもよく知られている。

そのほか、日本語が台湾語の中に定着したカタカナ語には、「ラジオ」「ピストン」「モター（モーター）」「エンジン」「トラク（トラック）」「サシミ」「スシ」「テンプラ」「タタミ」「セビロ」「ネクタイ」「アッサリ」「キモチ」「ゲタ」「モチ（餅）」、「ハイカラ」などがある。「弁当《ベントン》」や「都合《トッハプ》」「商社《ショウシャア》」は完全に台湾語化している。

一方、頑《かたく》なとはいえ、中国語もまったくの変化がないわけではない。なかには、中国語の漢字造語力に感嘆する日本人もいる。たとえば、「ミニスカート」は「迷你裙《ミーニーチユン》」、「コカコーラ」

を「可口可楽」と表記するなどである。「迷你」は「あなたを惑わす」という意味で、ミニスカートのセクシーなイメージをうまく表している。しかし、残念ながらそれはスカートにだけ用いる用語で、そのほかのミニコミやミニカーなど「ミニ」（ミニチュアの略語）を表す語に普遍化はできない。それが、中国語の柔軟性の限界だろうか。

明治日本の新造和製漢語は、漢字文化に新血を注いだばかりでなく、最近では日本語がそのまま東アジアで通用する。日本の経済力の上昇とともに、日本語が外来語として漢字文化の中に浸透していった結果だろう。

中国人は漢字の原理やハードウェアをつくった。日本人はそれに合うソフトウェアをつくり、漢字文化圏における利用価値を高めた。それはあたかも、欧米が科学技術のハードをつくり、日本人がそのソフトを開発したこととよく似ている。

国民党政権下の台湾では、戦後から今日にいたるまで反日教育が続けられている。しかし、実際は国民党政府の思惑とは逆に、台湾における日本文化の受容は増す一方だ。国民党政府は民衆から信頼されず、歴史の証人として冷静に日本と中国の実態を見てきた年配者は、学校や職場で行われている反日教育を、家庭内で修正してきた。

反日教育などは、台湾の日本語族にとって何の説得力もないばかりか、かえって「哈日族《ハーリーズー》」（日本大好き族）と呼ばれる新人類を刺激した。哈日族の日常用語として、現在もっとも流行っているのは、以下の流行語である。斯味媽謝《すみません》、摩西摩西《もしもし》、阿娜達《あなた》、哇搭西《わたし》、哇卡媽媽《わがまま》、辣酷《らく》辣酷《らく》、欧一西《おいしい》、一級棒《いちばん》、奇檬子《きもち》、甘巴勒《がんばる》、多毛阿里阿多《どもありがと》、欧達古《おたく》、烤肉妹《がんくろ》。それ以外にも「超特価」「超人気」などが「超××」としてよく使われるし、「××桑《さん》」や「××匠《ちゃん》」も新人類や新々人類の間で呼び合ったりして、すっかり台湾語になってしまったのだ。

台湾では戦前の日本語が台湾語の中に定着しており、「オバサン」や「運チャン」など日常会話にもよく出てくる。戦後入ってきた中国語とは対照的に、よく使われる台湾語化した日本語に次のような日常用語がある。（　）内は中国語。歯科（牙科）、先生（老師）、弁護士（律師）、野球（棒球）、脱線（脱節）、放送（広播）。

戦後日本の新造語も、新聞やテレビを通じてどんどん吸収されている。そして、「万年」国会議員や「国鉄」「援交」「挽回」「逆転」「新人類」「写真集」「大爆笑」「失楽園」「単身赴任」「週休二日」など、日本語は死滅するどころか、どんどん増えているのが実情だ。

一方、日本では戦後になって英語やフランス語などカタカナ表記の外来語が大量流入し、日本の漢字文化を一変させた。ことに音楽、ファッション、パソコン、科学技術関係の書籍にはカタカナ文字が多く、漢字文化の教養を積んできた戦前の人間には理解不能となってしまった。

しかし、それは嘆くべきことではない。どんな言葉も受容できるのが日本語の特性であり、可能性なのだ。寛容な日本語は、こうして変化を繰り返すことで、進歩の原動力となっている。

「六士先生の教育姿勢はその後も受け継がれ、水準の高い学問とともに、道徳教育、勤勉、遵法精神、時間の観念（時間厳守）など、当時内地で行われていた素晴らしい教育が台湾に持ち込まれたのだった」

台湾民主協会会長・蔡焜燦

台湾の近代教育の基礎は「芝山巌精神」と「教育勅語」

儒教国家は「教育熱心」という「通念」や「常識」があるが、じつは見当違いである。逆に儒教国家は文人（読書人）による文字、経典の独占と民衆の愚民化が長い歴史の主流となっている。

東亜大陸の歴史主役については、私の分類ならば、遊牧民、農耕民、そして読書人の三大人間集団によって、その物理的力学のベクトルによって動かされていたと理解すべきだという歴史観や持論がある。

読書人はごく少数で、つねに権力につき、科挙制度の廃止後でさえ、儒教の「民は之《これ》に由《よ》らしむべし、之を知らしむべからず」（民は従わせればいい、道理をわからせる必要はない）という教義にしたがって、近代教育に反対していた。いわく「苦力《クーリー》まで文字を知っていたら斯文《しぶん》（学問）は地に掃いて捨てるようなものだ」と、20世紀に入っても国民教育に反対していた。朝鮮の両班《ヤンバン》は中国の文人以上に国民教育に反対した。

日本は昔から教育熱心な社会だった。教育の普及は通説の江戸時代よりも、もっと前の鎌倉仏教の盛行時代にはじまった写経ブームではないかと私は推測している。これについては、前著『日本人はなぜ世界から尊敬され続けるのか』（徳間書店）で提起している。

日本が開国維新後の「文明開化」熱の風潮の中で、国民教育がすでに100パーセントに近かったというのに、1912年に成立した中華民国政府の識字教育目標は人口の2パーセントに過ぎなかった。日本が領有する以前の台湾における教育は、書房において行われる書房教育が主だったが、その実態は貧富によって教育年数が異なっていた。『台湾省通志』によると、「貧者」は3～4年、「小康者」は6～7年、「富者」は10年あまりとなっている。しかし、科挙受験教育は10年以上のものが多かった。

書房教育の目的は、近代国民学校教育や専門学校教育とは異なり、漢字・漢文の読み書きからはじまり、科挙に備えることにあった。読み書きの基礎教育を受けるものは「小学生」、科挙試験教育を受けるものは「大学生」と呼ばれていた。

清国時代の書房の普及率については統計数字はないが、日本領台2年後の1897年に行われた台湾総督府の調査では、当時の書房数は227カ所、生徒数は1万7066人であり、入学年齢は6歳からが一般的である。

この統計数字から単純に計算すると、1校の生徒は平均約14～15人で、近代国民学校の教室に比べると規模はそれほど大きくなかった。当時の台湾総人口は約300万人であったため、書房で学ぶ者の割合はわずか0・6パーセントに過ぎず、義塾（一般子弟のために寄付金でつくられた学校）や社学（地方の民間のための学校）を入れても1パーセントにも満たなかった。

伊能嘉矩《いのうかのり》の『台湾文化志』には、書房で使っていた1学年から8学年の教科書の内容が出ているが、ほとんどが古典の学習と科挙の稽古であった。書房の教科には一定の秩序はなかったが、たいていは『三字経《きんじきょう》』『千字文《せんじもん》』から「四書五経」にいたるまでの漢文古典の素読、暗誦、習字、作文、手紙の学習に終始していた。

台湾総督府の初代学務部長である伊沢修二は、「大概町村には秀才が居て子供を教へて居らぬ所はない」と、書房教育をかなり評価していた。しかし、四書五経を中心とする、教育内容については、「我々の維新前に受けたと同じ教育にとどまる」無用の学問を教えるところだと指摘している。

また、当時の書房の様子については、台湾総督府国語学校長の町田則文《のりふみ》が、次のように述べている。

「奥行四間に間口二間くらいの長方形の構造にして、一室を有するのみ、床は煉瓦しきの土間にて、入り口を除く外は皆壁成り。光線は寧《むし》ろ穴ともいうべき小窓より、わずかに採るものにて、雨天などに際しては甚《はなは》だ暗黒なり、教室は総て生徒自ら掃除し、整頓する」

さらに町田は、次のような批判を続けている。

「教師は教えるかたわらタバコを吸い、そして生徒は何かを食べたりしている」。そして、書房名については、「其の名頗《すこぶ》る雅《みやび》なり、然《しか》れどもその内容の汚穢《おわい》不潔不整頓に至りては、一たび室内に入るときは一見実に嘔吐《おうと》を催す者あり」。「然れども、其の時間を悉《ことごと》く学習に費やすにはあらずして、多くは徒費するなり、日々学んで帰るもわずかに二、三行の文字と二、三枚の習字、対策（著者註・科挙試験のための作文練習）を学習し得るに過ぎず」。

そして日本の領台がはじまると、教育制度は急速に大きな変革期を迎えることとなる。これまでの科挙を主目的とした教育から、実学を目的とする教育制度への改革である。これは、幕末の藩校、寺子屋教育から維新後の学制改革期以上の、空前の変化であった。

台湾の近代教育の嚆矢《こうし》は、日本による近代国民教育に従事した六士《りくし》先生の「芝山巌《しざんがん》精神」と「教育勅語」の二つによって支えられている。

六士先生とは、台湾の芝山巌で地元の匪賊に襲撃され命を落とした6人の日本人教師のことであり、大義のために危険を顧《かえり》みなかったその姿と気概《きがい》が「芝山巌精神」として今もなお多くの台湾人に語り継がれている。

私も幼いころから母が「候文」を書くのを側で眺めたり、「小野道風《おののとうふう》」や「二宮尊徳」そして「六士先生」の話を耳にしながら、少年時代を過ごしていたのだった。

台湾における日本の教育改革は、戦後、「植民地教育」であるとよく非難されるが、私は小学校に入るまで母からよく「芝山巌精神」を聞かされ、「教育勅語」を暗記したものだった。

そこには、戦後に非難されるような悪いイメージはなかった。

１８９５年６月、清国兵士によってさんざん略奪、放火された台北に無血入城してきた日本軍は、民家を借りてすぐに国語教習を開始した。この当時、伊沢修二学務部長は６名の学部員を引き連れ、台北城北部の八芝蘭《はっしらん》にある恵済宮の寺廟に学務部を置いた。そして、芝山巖学堂にて日本語教育をはじめたのである。開始当時は生徒はわずか７名であった。６人の教師の名は、次のとおりである。

楫取道明《かとりみちあき》（山口県出身、38歳）

関口長太郎（愛知県出身、37歳）

中島長吉（群馬県出身、25歳）

桂金太郎（東京府出身、27歳）

井原順之助（山口県出身、23歳）

平井数馬（熊本県出身、17歳）

六士先生の一人である楫取道明の母親は、吉田松陰の妹の寿子と小田村素太郎（後に揖取素彦と改名）との間に生まれた子である。父は、松陰の後継者といわれ松下村塾《しょうかそんじゅく》の塾頭として活躍し、後に貴族院議員として男爵まで授けられた人物である。

道明は華族に列せられながらも開化教育に燃え、「化外の地」に自ら進んで赴いた。台湾教育に献身する先駆け的存在であった。最年少の平井数馬は、日本最年少の16歳の若さで高等文官試験に合格した優秀な人材であった。

この芝山巌学堂をもとに、1895年に士林《しりん》国民小学校（97年公学校令により改称）が創立された。伊沢修二を創校者とし、先の6名を教職者として開校した。台湾近代国民教育の原点ともいえる。

第1期生であり、士林名家の出身で後に街長となった潘光楷《はんこうかい》の『回顧三十年』には、楫取道明先生と起居をともにして教えを受けたとある。

単なる日本語の伝習ではなく、「人心を陶冶《とうや》する」「慈父の親しみを以て之に見《まみ》えた（やさしい父親のように接してくれた）」と、明治人の気概を伝えている。詳細は篠原正己著の『芝山巌事件の真相――日台を結ぶ師弟の絆』（和鳴会）に詳しい。

当時、六士先生らは芝山巌はいつ土匪《どひ》（地元の匪賊）が来襲（いわゆる「匪襲《ひしゅう》」）するかわからない危険な場所であると、教え子たちから聞いて知っていた。教え子たちからは、早く逃げろと勧められていたのである。しかし、当時の「先生」としては、逃げることなどできるわけがなかった。なぜなら彼らは、開化教育に献身するという大義名分を持っており、日頃から生徒にもそう説いていたからである。

六士の大義名分を護《まも》る意志は堅く、次のようなことを常日頃から生徒に説いていた。

六士先生。向かって右より、平井数馬、関口長太郎、
井原順之助、楫取道明、中島長吉、桂金太郎。

六士先生を祀る「学務官僚遭難之碑」。墓石銘は伊藤
博文が揮毫している。戦後、国民党によって壊された。

「日本による台湾の占領は略奪の結果ではない。日本の天皇陛下と支那の皇帝陛下との条約によって決められたことであり、我が師に向かって敵するのは支那の皇帝に不忠を働くことであり、大義名分を知らぬことである」

たしかに、この説には一理ある。国際法的には、下関条約によって台湾を日本に永久割譲することが決定された。それを受け入れた以上、清国の両広《りょうこう》総督張之洞《ちょうしどう》のように台湾の売却や特権賦与《ふよ》をエサに、英米仏露諸国との売却の裏交渉を画策するなどは不忠であり、国際法違反でもあろう。

この論理で考えれば、芝山巌から早く逃げろと言われても、生徒に向かって大義名分を説いている教師が、やすやすと使命を投げ出して逃げられるわけがない。楫取道明は、その覚悟のほどを次のように言っている。

「我々は平常生徒に向かって、大義名分を能《よ》く教訓して良民にしようというに、いま匪賊が来たからといって逃げるとは何事ぞ。止《とど》まって彼らを説得するのが当然である。我らは国家のためには生命も惜しまぬということはつねに言うておる。それに、我らが逃げたとなったら教育者の本分が立たぬ」

芝山巌事件は、教育開始から半年後の1896年元日に起こった。6人の教師は、新年拝賀式に参列するため台北に向かっていた。しかし、その前夜未明に台北城は匪襲を受けていたため、渡し舟がなかったのである。

やむをえず彼らは芝山巌に引き返す。そして、正午近くになって再び山を降りようとした途中、運悪く100名あまりの地元の匪賊に遭遇してしまう。6名は事情を説明して話し合おうとしたが、相手は「話せばわかる」ものではなく、「問答無用」の輩《やから》だった。たちまち白兵戦となったが、多勢に無勢で6名と用務員1名（小林清吉・軍夫）は、あっという間に殺害されてしまった。

殺された7名の首は、首魁《しゅかい》・頼昌《らいしょう》の家の門前に掲げられたとも伝えられている。さらに、芝山巌伝習所内の教室や寝室などから、六士先生の所持金や運営資金はすべて奪われていた。事件から8日後、首のない遺体が発見された。

六士先生の遺灰は、それから半年後の7月1日、芝山巌に墓碑とともに安置され、第1回の慰霊祭が行われた。彼らを祀《まつ》る芝山巌神社も建てられた。こうして、六士先生と彼らの精神は、台湾における近代国民教育の鑑《かがみ》として、多くの人から敬われることになったのである。

その後も、台湾の開化教育に従事して殉職した教師は327名にも及んだ。その悲劇に鑑み、日本開化教育は六士先生をモデルに聖職とされた。伊藤博文総理も、始政1周年の際に台湾を訪れ、「学務官僚遭難之碑」を自ら提案して、殉職した教師の記念碑を建てさせている。

しかし、戦後、国民党軍は台湾に入ってきてから、この「日本教育」のシンボルに対抗せんとしたのか「六士先生殉職」の記念碑をぶち壊し、墓碑銘をセメントで埋めた。その代わりに、特務のボスであった戴笠《たいりゅう》（雨農《うのう》）を記念した雨農記念図書館を芝山巌に建てた。

戴笠とは、蔣介石のお抱えの殺し屋で、暗殺などで政敵数十万人を葬った人物であり、終戦直前に原因不明の飛行機事故で墜落死している。この記念図書館は、蔣介石ただ一人に忠誠を尽くすシンボルという意味合いがあったのである。

後になって、台湾籍日本人の書道家である陣内伯台《じんないはくたい》は、セメントで埋められてしまった伊藤博文と後藤新平が揮毫《きごう》した石碑を、丹念に時間をかけて復元させ、拓本をつくり六士先生の遺族に贈呈した。

芝山巌神社も打ち壊され、土匪は「義民」として民族英雄にでっち上げられた。そして、歴史捏造《ねつぞう》の記念碑がつくられて、台湾の祖国復帰と「反日抗日」の歴史が謳《うた》われたのである。

国民党軍は、日本人墓地打ち壊しに夢中となり、記念碑も墓碑も銅像も何であろうとかまわず壊しまくった。

そのため、六士先生の神社は取り壊されたが、地元の恵済宮の住職が無名の碑を建て、丁重に弔ってくれている。

「六士先生の墓」が再建されたのは、1996年6月1日だった。士林国民学校100周年祭において、同校校友会の会長である林振永《りんしんえい》氏が中心となり、「芝山巌事件100周年」記念行事として盛大な式典が行われた。李登輝総統揮毫の記念碑も建てられ、当時の台北市長で、前総統である陳水扁《ちんすいへん》も挨拶にかけつけた。日本からは、元労働大臣の藤尾正行ら34名が参加し、士林公学校卒の尼僧・柯宝祝《かほうしゅく》住職が日本語にて般若心経を唱え鎮魂の法要を行った。

同校の創立１０５周年には、「国民教育発祥の地」の石碑が校庭に建てられた。

台湾民主協会会長の蔡焜燦《さいこんさん》氏は、著書『台湾人と日本精神』（小学館）において、「六士先生の教育姿勢はその後も受け継がれ、水準の高い学問とともに、道徳教育、勤勉、遵法精神、時間の観念（時間厳守）など、当時内地で行われていた素晴らしい教育が台湾に持ち込まれたのだった」と述べている。

【著者略歴】
黄　文雄（コウ　ブンユウ）
1938年、台湾生まれ。1964年来日。早稲田大学商学部卒業。明治大学大学院西洋経済史学修士。『中国の没落』（台湾・前衛出版社）が大反響を呼び、評論家活動へ。1994年巫福文明評論賞、台湾ペンクラブ賞受賞。
主な著者に『日本人が知らない日本人の遺産』（青春出版社）、『黄文雄の近現代史集中講座』シリーズ、『日本人はなぜ世界から尊敬され続けるのか』『世界から絶賛される日本人』（以上、徳間書店）など多数。

日本人こそ知っておくべき
世界を号泣させた日本人

第1刷――2012年3月31日

著　者――黄　文雄
発行者――力石幸一
発行所――株式会社徳間書店
東京都港区芝大門2－2－1　郵便番号105-8055
電話　編集(03)5403-4344　販売(048)451-5960
振替00140-0-44392
印　刷――本郷印刷(株)
カバー印刷――真生印刷(株)
製　本――東京美術紙工協業組合

乱丁・落丁はおとりかえ致します。
ISBN978-4-19-863384-4